Pitt Press Series

LE
BOURGEOIS GENTILHOMME

MOLIÈRE

LE BOURGEOIS GENTILHOMME

EDITED BY

A. C. CLAPIN, M.A.

CAMBRIDGE:
AT THE UNIVERSITY PRESS
1963

fession, the young Poquelin changed his name, and was thenceforth known as Molière.

This change of name is significant. It shows how, in taking a step which seemed then to condemn him to social infamy, young Poquelin broke voluntarily with the whole of his family. Comedians in those days enjoyed no social position, and obeyed no social law. Excommunicated by the Church, they considered themselves freed from all restraints, save those only imposed by magistrates. They got their money freely and spent it carelessly[1].

So Molière set forth on his appointed tour with his friends the Béjarts. This part of his life, the most obscure because only a few traces of him can be discovered here and there, was perhaps the happiest. He was young, successful so far, ambitious; and going about with his comedians from place to place, noted silently, in his undemonstrative way, the manners and talk of the people.

In 1654, while at Pézenas with his company, Molière received from the Prince de Conti the offer of becoming his private secretary. He had the good sense and the extraordinary good luck to refuse the post, although he was already past the period of early manhood, and as yet had made no mark. It was in 1658 that he returned to Paris, and then, through the good offices of the same prince, performed before the king Louis XIV, in the *Nicomède* of Corneille, and received the royal license to establish his company in the theatre of the Hôtel du Petit Bourbon, under the title of the *Troupe de Monsieur*, every actor being entitled to a pension of 300 livres. It was here that for twelve years Molière's company played the pieces which their manager wrote for them, until his death put an end to their power of cohesion[2].

Molière was the stage-manager, principal partner, orator, author and chief actor. As a manager, he seems to have been despotic, arbitrary, and irritable. Off the stage the most gentle,

[1] For a description of the theatrical equipment and the life of strolling actors in Molière's time, see Besant's *French Humourists*, pp. 308, 315.

[2] See Sainte-Beuve's *Portraits Littéraires*, vol. II. p. 19.

tractable, and amiable of men: on it the most rigid and inflexible tyrant. The consequence was that his pieces were played with an attention and precision to which the Parisian stage had been previously a stranger. As an actor he was the greatest artist of his time. "Molière was comedian from head to foot; it seemed that he had different voices. Everything in him *spoke;* and with a step, a smile, a movement of the hand, a dropping of the eyelash, he imparted more ideas than the greatest talker would have managed to convey in an hour."

His first great triumph was in 1659, when he put on the stage his *Précieuses Ridicules* (a mere sketch, expanded later into the *Femmes Savantes*) in which he ridiculed the pedantic talk and affected airs of the then fashionable literary circles of learned ladies (notably that of the *Hôtel de Rambouillet*). After this his success is assured; his career as the greatest dramatist of France is one continued triumphal march. He is loaded with favours by the king; he can hold his own against the insolent nobles who are jealous of his favour; he has a large income; he has a country-house at Auteuil; but as a set-off against all this, he has a wife (Armande Elizabeth Béjart) who is unfaithful to him. And then, too, he has delicate health and is in constant anxiety about the future. Only he is happy in his friendships, for to Auteuil come Boileau, Racine, Chapelle, Bachaumont, and all the crowd of scholars and freethinkers—for Molière was not a religious man. Grave, contemplative, no careless scoffer, he yet evidently considered religion as something which had no concern with him. Perhaps it was the consciousness of being excommunicated by the Church. Perhaps it was the absorption of his whole mind into his art. Be this as it may, Molière shows no religion either in his life or in his writings[1].

Molière died on the 17th February, 1673, after fifteen years of success, and in the fulness of his powers. He was taken with a convulsive fit while acting the leading part in the *Malade Imaginaire*, and died within an hour after leaving the stage.

[1] See *Portraits Littéraires*, by Sainte-Beuve, vol. II. p. 8.

This last scene as told by Jules Janin is very affecting: "Molière était perdu: il le sentait. Il était devenu vieux avant l'heure; il succombait sous sa triple tâche de comédien, de poëte et de directeur de théâtre. Il avait craché le sang le matin même, et ses amis demandaient un relâche...Il voulut tenir sa parole. Il paraît donc: à son aspect, sans se douter de ses tortures, cet affreux parterre se met à rire. On bat des mains, on applaudit; on trouve que le comédien n'a jamais mieux joué. En effet, regardez comme il est pâle. Le feu de la fièvre est dans ses yeux! Ses mains tremblent et se crispent! Ses jambes refusent tout service! A le voir, ainsi plié en deux, la tête enveloppée d'un bonnet et affaissé dans ses coussins, ne diriez-vous pas d'un malade véritable? N'est-ce pas que cette agonie est amusante à voir? Ris donc, parterre, et ris bien, c'est le cas ou jamais, car au milieu de tes grands éclats de rire cet homme se meurt. Heureuse foule! pour ton demi petit écu, tu vas voir expirer, devant toi, le plus grand poëte du monde. Jamais les empereurs romains, dans toute leur féroce puissance, n'ont assisté à une pareille hécatombe.

"15 Janvier 1622—21 Février 1673!.. qui dira jamais le travail, le génie et les douleurs contenus dans cet étroit espace? Il lutta jusqu'à la fin, passant d'une torture à l'autre, et quand enfin, dans la mascarade finale, il s'écria: '*Juro!*' sa poitrine se déchira tout à fait. On l'emporta du théâtre. Il mourut à dix heures du soir. Le curé de Saint-Eustache, sa paroisse, refusa à cet excommunié la sépulture ecclésiastique, et l'archevêque de Paris ne permit qu'au bout de trois jours qu'il fût enterré sans prières, sans cérémonies, et sans honneurs."

Molière had two subjects of satire which he shared with every comedian and every buffoon, namely, the stock subjects of the aspiring citizen and the quack physician; and he had two others which he made peculiarly his own, which were his own creation, the hypocrites who sham piety, and the pedants who set themselves up for judges of good taste.

Content at first to imitate the Spanish school of intrigue, in which all the *dramatis personæ* are cast in uniform moulds, and delineation of character is entirely out of the question, it was not till late in his dramatic life that he found his real field and attacked the follies and foibles of the day. His *Avare*, his *Dépit Amoureux*, and even his *École des Maris* belong to no time and all time; while the *Précieuses Ridicules*, the earliest of his satiric comedies properly so called, was yet a sketch, and had to wait for six years before it found a true successor in the *Tartuffe*, the *Bourgeois Gentilhomme*, and the *Femmes Savantes*, all of which belong to the last five years of Molière's life. His muse was to be a tree whose best fruit comes late, and in too small quantity.

The *Bourgeois Gentilhomme* has been put upon every stage; the rich citizen aping the manners of the great has been ridiculed in every literature; but never has this character assumed such fresh and bright colours as when handled by Molière. Exception has been taken to the last two acts of this play. "I allow" (says La Harpe) "that, in order to ridicule in M. Jourdain that pretension so common among wealthy plebeians, to appear on a par with the nobility, it was not necessary to make him so silly as to give his daughter in marriage to the son of the 'Grand-Turk,' and to turn 'Mamamouchi.' This grotesque exhibition was evidently intended to fill up the time usually taken up by the performance of two plays and to afford amusement for the crowd; but the first three Acts bear the stamp of good comedy."

No character in Molière's plays is more ludicrous than that of M. Jourdain: every one about him sets him off, his wife, his servant Nicole, the several masters whom he has engaged, the nobleman (his confidential friend and at the same time his debtor), the lady of rank with whom he is in love, the young man who loves his daughter and cannot obtain her hand on account of his not being a gentleman, all combine to set off the folly of the aspiring citizen, who has almost persuaded himself that he is of noble extraction, or at least believes that he has succeeded in making people forget his birth. The blunt and peevish humour of Madame Jourdain, the unreserved drollery of the servant Nicole, the quarrel of the masters about the superiority of their professions; the precepts of moderation delivered by the philosopher, who the next moment flies into a passion, and fights for the honour and glory of philosophy; the lesson given to M. Jourdain, who discovers that for forty years he has been speaking prose without being conscious of it; the entertainment given by M. Jourdain to Dorimène in the name of the courtier Dorante; the silly gallantry of the parvenu citizen; all these contribute to make *Le Bourgeois Gentilhomme* a perfect comedy. When it was performed before Louis XIV, his court did not relish it, probably on account of the masquerade in the last two acts; the king however, whose judicious mind had appreciated the excellence of the first three, said to Molière, who felt rather dejected: "You never made me laugh so much before."

LE

BOURGEOIS GENTILHOMME.

COMÉDIE-BALLET.

PERSONNAGES.

M. JOURDAIN, bourgeois.
MADAME JOURDAIN, sa femme.
LUCILE, fille de M. Jourdain.
CLÉONTE, amoureux de Lucile.
DORIMÈNE, marquise.
DORANTE, comte, amant de Dorimène.
NICOLE, servante de M. Jourdain.
COVIELLE, valet de Cléonte.

UN MAÎTRE DE MUSIQUE.
UN ÉLÈVE DU MAÎTRE DE MUSIQUE.
UN MAÎTRE À DANSER.
UN MAÎTRE D'ARMES.
UN MAÎTRE DE PHILOSOPHIE.
UN MAÎTRE TAILLEUR.
UN GARÇON TAILLEUR.
DEUX LAQUAIS.

La scène est à Paris, dans la maison de M. Jourdain.

ARGUMENT TO THE FIRST ACT.

Act i. introduces us to M. Jourdain in the company of his music-master and dancing-master. In the first Scene these two professionals appear, with a train of musicians and dancers, and converse about a concert and ballet which M. Jourdain has ordered them to prepare for the entertainment of distinguished guests in the evening, and they rejoice over their good fortune in having an opportunity of turning their respective talents to good account. The Bourgeois then appears in morning déshabillé, displays his dressing-gown which he deems a chef-d'œuvre of aristocratic refinement, and asks to hear the musical composition that has been prepared for him. He does not, however, appreciate the æsthetic style of the performance and expresses his preference for a vulgar song which he had learnt years gone by and which he sings to the great amusement of his masters. The Act concludes with a Dialogue, in music, between a female singer and two musicians; after which four dancers execute different steps under the direction of the dancing-master.

ACTE PREMIER.

L'ouverture se fait par un grand assemblage d'instruments ; et, dans le milieu du théâtre, on voit un élève du maître de musique, qui compose sur une table un air que le bourgeois a demandé pour une sérénade.

SCÈNE I.

UN MAÎTRE DE MUSIQUE, UN MAÎTRE À DANSER, TROIS MUSICIENS, DEUX VIOLONS, QUATRE DANSEURS.

LE MAÎTRE DE MUSIQUE, *aux musiciens.* Venez, entrez dans cette salle, et vous reposez là, en attendant qu'il vienne.

LE MAÎTRE À DANSER, *aux danseurs.* Et vous aussi, de ce côté.

LE M. DE MUSIQUE, *à son élève.* Est-ce fait ?

L'ÉLÈVE. Oui.

LE M. DE MUSIQUE. Voyons...Voilà qui est bien.

LE M. À DANSER. Est-ce quelque chose de nouveau?

LE M. DE MUSIQUE. Oui, c'est un air pour une sérénade que je lui ai fait composer ici, en attendant que notre homme fût éveillé.

LE M. À DANSER. Peut-on voir ce que c'est?

LE M. DE MUSIQUE. Vous l'allez entendre avec le dialogue, quand il viendra. Il ne tardera guère.

LE M. À DANSER. Nos occupations, à vous et à moi, ne sont pas petites maintenant.

LE M. DE MUSIQUE. Il est vrai. Nous avons trouvé ici un homme comme il nous le faut à tous deux. Ce nous est une douce rente que ce monsieur Jourdain, avec les visions de noblesse et de galanterie qu'il est allé se mettre en tête ; et votre danse et ma musique auraient à souhaiter que tout le monde lui ressemblât.

LE M. À DANSER. Non pas entièrement ; et je voudrais, pour lui, qu'il se connût mieux qu'il ne fait aux choses que nous lui donnons.

LE M. DE MUSIQUE. Il est vrai qu'il les connaît mal, mais il les paye bien ; et c'est de quoi maintenant nos arts ont plus besoin que de toute autre chose.

LE M. À DANSER. Pour moi, je vous l'avoue, je me repais un peu de gloire. Les applaudissements me touchent; et je tiens que, dans tous les beaux-arts, c'est un supplice assez fâcheux que de se produire à des sots, que d'essuyer, sur des compositions, la barbarie d'un stupide. Il y a plaisir, ne m'en parlez point, à travailler pour des personnes qui soient capables de sentir les délicatesses d'un art; qui sachent faire un doux accueil aux beautés d'un ouvrage, et, par de chatouillantes approbations, vous régaler de votre travail. Oui, la récompense la plus agréable qu'on puisse recevoir des choses que l'on fait, c'est de les voir connues, de les voir caressées d'un applaudissement qui vous honore. Il n'y a rien, à mon avis, qui nous paye mieux que cela de toutes nos fatigues; et ce sont des douceurs exquises que des louanges éclairées.

LE M. DE MUSIQUE. J'en demeure d'accord; et je les goûte comme vous. Il n'y a rien assurément qui chatouille davantage que les applaudissements que vous dites; mais cet encens ne fait pas vivre. Des louanges toutes pures ne mettent point un homme à son aise: il y faut mêler du solide; et la meilleure façon de louer, c'est de louer avec les mains. C'est un homme, à la vérité, dont les lumières sont petites, qui parle à tort et à travers de toutes choses, et n'applaudit qu'à contre-sens; mais son argent redresse les jugements de son esprit; il a du discernement dans sa bourse; ses louanges sont monnayées; et ce bourgeois ignorant nous vaut mieux, comme vous voyez, que le grand seigneur éclairé qui nous a introduits ici.

LE M. À DANSER. Il y a quelque chose de vrai dans ce que vous dites; mais je trouve que vous appuyez un peu trop sur l'argent; et l'intérêt est quelque chose de si bas, qu'il ne faut jamais qu'un honnête homme montre pour lui de l'attachement.

LE M. DE MUSIQUE. Vous recevez fort bien pourtant l'argent que notre homme vous donne.

LE M. À DANSER. Assurément; mais je n'en fais pas tout mon bonheur; et je voudrais qu'avec son bien, il eût encore quelque bon goût des choses.

LE M. DE MUSIQUE. Je le voudrais aussi; et c'est à quoi nous travaillons tous deux autant que nous pouvons.

Mais, en tout cas, il nous donne moyen de nous faire connaître dans le monde, et il payera pour les autres ce que les autres loueront pour lui.

LE M. À DANSER. Le voilà qui vient.

SCÈNE II.

MONSIEUR JOURDAIN, en robe de chambre et en bonnet de nuit; LE MAÎTRE DE MUSIQUE, LE MAÎTRE À DANSER, L'ÉLÈVE DU MAÎTRE DE MUSIQUE, UNE MUSICIENNE, DEUX MUSICIENS, DANSEURS, DEUX LAQUAIS.

MONSIEUR JOURDAIN. Eh bien, messieurs? Qu'est-ce? Me ferez-vous voir votre petite drôlerie?

LE MAÎTRE À DANSER. Comment? Quelle petite drôlerie?

M. JOURDAIN. Hé! la...Comment appelez-vous cela? Votre prologue ou dialogue de chansons et de danse.

LE M. À DANSER. Ah! ah!

LE M. DE MUSIQUE. Vous nous y voyez préparés.

M. JOURDAIN. Je vous ai fait un peu attendre; mais c'est que je me fais habiller aujourd'hui comme les gens de qualité; et mon tailleur m'a envoyé des bas de soie que j'ai pensé ne mettre jamais.

LE M. DE MUSIQUE. Nous ne sommes ici que pour attendre votre loisir.

M. JOURDAIN. Je vous prie tous deux de ne vous point en aller qu'on ne m'ait apporté mon habit, afin que vous me puissiez voir.

LE M. À DANSER. Tout ce qu'il vous plaira.

M. JOURDAIN. Vous me verrez équipé comme il faut, depuis les pieds jusqu'à la tête.

LE M. DE MUSIQUE. Nous n'en doutons point.

M. JOURDAIN. Je me suis fait faire cette indienne-ci.

LE M. À DANSER. Elle est fort belle.

M. JOURDAIN. Mon tailleur m'a dit que les gens de qualité étaient comme cela le matin.

LE M. DE MUSIQUE. Cela vous sied à merveille.

M. JOURDAIN. Laquais! holà, mes deux laquais!

PREMIER LAQUAIS. Que voulez-vous, monsieur?

M. JOURDAIN. Rien. C'est pour voir si vous m'entendez bien. (*Au maître de musique et au maître à danser.*) Que dites-vous de mes livrées?

LE M. À DANSER. Elles sont magnifiques.

M. JOURDAIN, *entr'ouvrant sa robe, et faisant voir son haut-de-chausses étroit de velours rouge, et sa camisole de velours vert.* Voici encore un petit déshabillé pour faire, le matin, mes exercices.

LE M. DE MUSIQUE. Il est galant.

M. JOURDAIN. Laquais!

PREMIER LAQUAIS. Monsieur?

M. JOURDAIN. L'autre laquais!

SECOND LAQUAIS. Monsieur?

M. JOURDAIN, *ôtant sa robe de chambre.* Tenez ma robe. (*Au maître de musique et au maître à danser.*) Me trouvez-vous bien comme cela?

LE M. À DANSER. Fort bien. On ne peut pas mieux.

M. JOURDAIN. Voyons un peu votre affaire.

LE M. DE MUSIQUE. Je voudrais bien auparavant vous faire entendre un air (*montrant son élève*) qu'il vient de composer pour la sérénade que vous m'avez demandée. C'est un de mes écoliers, qui a pour ces sortes de choses un talent admirable.

M. JOURDAIN. Oui, mais il ne fallait pas faire faire cela par un écolier; et vous n'étiez pas trop bon vous-même pour cette besogne-là.

LE M. DE MUSIQUE. Il ne faut pas, monsieur, que le nom d'écolier vous abuse. Ces sortes d'écoliers en savent autant que les plus grands maîtres; et l'air est aussi beau qu'il s'en puisse faire. Écoutez seulement.

M. JOURDAIN, *à ses laquais.* Donnez-moi ma robe pour mieux entendre...Attendez, je crois que je serai mieux sans robe. Non, redonnez-la-moi; cela ira mieux.

LA MUSICIENNE.

Je languis nuit et jour, et mon mal est extrême,
Depuis qu'à vos rigueurs vos beaux yeux m'ont soumis.
Si vous traitez ainsi, belle Iris, qui vous aime,
Hélas! que pourriez-vous faire à vos ennemis!

M. Jourdain. Cette chanson me semble un peu lugubre; elle endort, et je voudrais que vous la pussiez un peu ragaillardir par-ci par-là.

Le m. de musique. Il faut, monsieur, que l'air soit accommodé aux paroles.

M. Jourdain. On m'en apprit un tout à fait joli, il y a quelque temps. Attendez...là...comment est-ce qu'il dit?

Le m. à danser. Par ma foi, je ne sais.

M. Jourdain. Il y a du mouton dedans.

Le m. à danser. Du mouton?

M. Jourdain. Oui. Ah! (*Il chante.*)

Je croyais Jeanneton
Aussi douce que belle;
Je croyais Jeanneton
Plus douce qu'un mouton.
Hélas! hélas!
Elle est cent fois, mille fois plus cruelle
Que n'est le tigre aux bois.

N'est-il pas joli?

Le m. de musique. Le plus joli du monde.

Le m. à danser. Et vous le chantez bien.

M. Jourdain. C'est sans avoir appris la musique.

Le m. de musique. Vous devriez l'apprendre, monsieur, comme vous faites la danse. Ce sont deux arts qui ont une étroite liaison ensemble.

Le m. à danser. Et qui ouvrent l'esprit d'un homme aux belles choses.

M. Jourdain. Est-ce que les gens de qualité apprennent aussi la musique?

Le m. de musique. Oui, monsieur.

M. Jourdain. Je l'apprendrai donc. Mais je ne sais quel temps je pourrai prendre: car, outre le maître d'armes qui me montre, j'ai arrêté encore un maître de philosophie qui doit commencer ce matin.

Le m. de musique. La philosophie est quelque chose; mais la musique, monsieur, la musique...

Le m. à danser. La musique et la danse...La musique et la danse, c'est là tout ce qu'il faut.

Le m. de musique. Il n'y a rien qui soit si utile dans un État que la musique.

LE M. À DANSER. Il n'y a rien qui soit si nécessaire aux hommes que la danse.

LE M. DE MUSIQUE. Sans la musique, un État ne peut subsister.

LE M. À DANSER. Sans la danse, un homme ne saurait rien faire.

LE M. DE MUSIQUE. Tous les désordres, toutes les guerres qu'on voit dans le monde, n'arrivent que pour n'apprendre pas la musique.

LE M. À DANSER. Tous les malheurs des hommes, tous les revers funestes dont les histoires sont remplies, les bévues des politiques et les manquements des grands capitaines, tout cela n'est venu que faute de savoir danser.

M. JOURDAIN. Comment cela?

LE M. DE MUSIQUE. La guerre ne vient-elle pas d'un manque d'union entre les hommes?

M. JOURDAIN. Cela est vrai.

LE M. DE MUSIQUE. Et si tous les hommes apprenaient la musique, ne serait-ce pas le moyen de s'accorder ensemble, et de voir dans le monde la paix universelle?

M. JOURDAIN. Vous avez raison.

LE M. À DANSER. Lorsqu'un homme a commis un manquement dans sa conduite, soit aux affaires de sa famille, ou au gouvernement d'un État, ou au commandement d'une armée, ne dit-on pas toujours : Un tel a fait un mauvais pas dans une telle affaire?

M. JOURDAIN. Oui, on dit cela.

LE M. À DANSER. Et faire un mauvais pas, peut-il procéder d'autre chose que de ne savoir pas danser?

M. JOURDAIN. Cela est vrai, et vous avez raison tous deux.

LE M. À DANSER. C'est pour vous faire voir l'excellence et l'utilité de la danse et de la musique.

M. JOURDAIN. Je comprends cela à cette heure.

LE M. DE MUSIQUE. Voulez-vous voir nos deux affaires?

M. JOURDAIN. Oui.

LE M. DE MUSIQUE. Je vous l'ai déjà dit, c'est un petit essai que j'ai fait autrefois des diverses passions que peut exprimer la musique.

M. JOURDAIN. Fort bien.

LE M. DE MUSIQUE, *aux musiciens.* Allons avancez. (*À* M. JOURDAIN.) Il faut vous figurer qu'ils sont habillés en bergers.

M. JOURDAIN. Pourquoi toujours des bergers? On ne voit que cela partout.

LE M. À DANSER. Lorsqu'on a des personnes à faire parler en musique, il faut bien que, pour la vraisemblance, on donne dans la bergerie. Le chant a été de tout temps affecté aux bergers; et il n'est guère naturel, en dialogue, que des princes ou des bourgeois chantent leurs passions.

M. JOURDAIN. Passe, passe. Voyons.

DIALOGUE EN MUSIQUE.

UNE MUSICIENNE ET DEUX MUSICIENS.

LA MUSICIENNE.

Un cœur, dans l'amoureux empire,
De mille soins est toujours agité.
On dit qu'avec plaisir on languit, on soupire;
Mais, quoi qu'on puisse dire,
Il n'est rien de si doux que notre liberté.

PREMIER MUSICIEN.

Il n'est rien de si doux que les tendres ardeurs
Qui font vivre deux cœurs
Dans une même envie;
On ne peut être heureux sans amoureux désirs.
Ôtez l'amour de la vie,
Vous en ôtez les plaisirs.

SECOND MUSICIEN.

Il serait doux d'entrer sous l'amoureuse loi,
Si l'on trouvait en amour de la foi;
Mais, hélas! ô rigueur cruelle!
On ne voit point de bergère fidèle,
Et ce sexe inconstant, trop indigne du jour,
Doit faire pour jamais renoncer à l'amour.

PREMIER MUSICIEN.

Aimable ardeur!

LA MUSICIENNE.

Franchise heureuse!

SECOND MUSICIEN.

Sexe trompeur!

PREMIER MUSICIEN.

Que tu m'es précieuse!

LA MUSICIENNE.

Que tu plais à mon cœur!

SECOND MUSICIEN.

Que tu me fais d'horreur!

PREMIER MUSICIEN.

Ah! quitte, pour aimer, cette haine mortelle.

LA MUSICIENNE.

On peut, on peut te montrer
Une bergère fidèle.

SECOND MUSICIEN.

Hélas! où la rencontrer?

LA MUSICIENNE.

Pour défendre notre gloire,
Je te veux offrir mon cœur.

SECOND MUSICIEN.

Mais, bergère, puis-je croire
Qu'il ne sera point trompeur?

LA MUSICIENNE.

Voyons, par expérience,
Qui des deux aimera mieux.

SECOND MUSICIEN.

Qui manquera de constance,
Le puissent perdre les dieux!

TOUS TROIS ENSEMBLE.

À des ardeurs si belles
Laissons-nous enflammer:
Ah! qu'il est doux d'aimer
Quand deux cœurs sont fidèles!

M. JOURDAIN. Est-ce tout?

LE M. DE MUSIQUE. Oui.

M. JOURDAIN. Je trouve cela bien troussé; et il y a là dedans de petits dictons assez jolis.

LE M. À DANSER. Voici, pour mon affaire, un petit essai des plus beaux mouvements et des plus belles attitudes dont une danse puisse être variée.

M. JOURDAIN. Sont-ce encore des bergers?

LE M. À DANSER. C'est ce qu'il vous plaira. (*Aux danseurs.*) Allons.

[ENTRÉE DE BALLET. *Quatre danseurs exécutent tous les mouvements différents et toutes les sortes de pas que le maître à danser leur commande.*]

ARGUMENT TO THE SECOND ACT.

Act ii. opens with the continuation of the last Scene in Act i. M. Jourdain is giving further instructions for the musical entertainment and the Ballet which is to follow it, when his fencing-master enters, who, after giving him a lesson in the presence of the other two, quarrels with these about the superiority of his own profession over theirs. While the dispute is still raging between them, the master of philosophy is shown in, and tries to pacify the disputants by inculcating moderation and forbearance; excellent principles which he does not practise, for he soon loses his temper, and a fight ensues which is ended behind the scenes. On his re-appearing on the stage he gives M. Jourdain a lesson famous for its humour as well as for its satire on the scholastic philosophy of the day. The tailor then appears with the suit ordered for the entertainment, and M. Jourdain tries it on to the accompaniment of music and dancing.

ACTE DEUXIÈME.

SCÈNE I.

MONSIEUR JOURDAIN, LE MAÎTRE DE MUSIQUE, LE MAÎTRE À DANSER.

MONSIEUR JOURDAIN. Voilà qui n'est point sot, et ces gens-là se trémoussent bien.

LE MAÎTRE DE MUSIQUE. Lorsque la danse sera mêlée avec la musique, cela fera plus d'effet encore; et vous verrez quelque chose de galant dans le petit ballet que nous avons ajusté pour vous.

M. JOURDAIN. C'est pour tantôt, au moins; et la personne pour qui j'ai fait faire tout cela, me doit faire l'honneur de venir dîner céans.

LE MAÎTRE À DANSER. Tout est prêt.

LE M. DE MUSIQUE. Au reste, monsieur, ce n'est pas assez; il faut qu'une personne comme vous, qui êtes magnifique, et qui avez de l'inclination pour les belles choses, ait un concert de musique chez soi tous les mercredis ou tous les jeudis.

M. JOURDAIN. Est-ce que les gens de qualité en ont?

LE M. DE MUSIQUE. Oui, monsieur.

M. JOURDAIN. J'en aurai donc. Cela sera-t-il beau?

LE M. DE MUSIQUE. Sans doute. Il vous faudra trois voix, un dessus, une haute-contre, et une basse, qui seront accompagnées d'une basse de viole, d'un théorbe, et d'un clavecin pour les basses continues, avec deux dessus de violon pour jouer les ritournelles.

M. JOURDAIN. Il y faudra mettre aussi une trompette marine. La trompette marine est un instrument qui me plaît, et qui est harmonieux.

LE M. DE MUSIQUE. Laissez-nous gouverner les choses.

M. JOURDAIN. Au moins, n'oubliez pas tantôt de m'envoyer des musiciens pour chanter à table.

LE M. DE MUSIQUE. Vous aurez tout ce qu'il vous faut.

M. JOURDAIN. Mais, surtout, que le ballet soit beau.

LE M. DE MUSIQUE. Vous en serez content; et, entre autres choses, de certains menuets que vous y verrez.

M. JOURDAIN. Ah! les menuets sont ma danse, et je veux que vous me les voyiez danser. Allons, mon maître.

LE M. À DANSER. Un chapeau, monsieur, s'il vous plaît. (M. JOURDAIN *va prendre le chapeau de son laquais, et le met par-dessus son bonnet de nuit. Son maître lui prend les mains et le fait danser sur un air de menuet qu'il chante.*) La, la, la, la, la, la; la, la, la, la, la, la, la; la, la, la, la, la, la; la, la, la, la, la, la; la, la, la, la, la. En cadence, s'il vous plaît. La, la, la, la, la. La jambe droite. La, la, la. Ne remuez pas tant les épaules. La, la, la, la, la; la, la, la, la, la. Vos deux bras sont estropiés. La, la, la, la, la. Haussez la tête. Tournez la pointe du pied en dehors. La, la, la. Dressez votre corps.

M. JOURDAIN. Hé!

LE M. DE MUSIQUE. Voilà qui est le mieux du monde.

M. JOURDAIN. À propos! apprenez-moi comme il faut faire une révérence pour saluer une marquise; j'en aurai besoin tantôt.

LE M. À DANSER. Une révérence pour saluer une marquise?

M. JOURDAIN. Oui. Une marquise qui s'appelle Dorimène.

LE M. À DANSER. Donnez-moi la main.

M. JOURDAIN. Non. Vous n'avez qu'à faire: je le retiendrai bien.

LE M. À DANSER. Si vous voulez la saluer avec beaucoup de respect, il faut faire d'abord une révérence en arrière, puis marcher vers elle avec trois révérences en avant, et à la dernière vous baisser jusqu'à ses genoux.

M. JOURDAIN. Faites un peu. (*Après que le maître à danser a fait trois révérences.*) Bon.

SCÈNE II.

MONSIEUR JOURDAIN, LE MAÎTRE DE MUSIQUE, LE MAÎTRE À DANSER, UN LAQUAIS.

LE LAQUAIS. Monsieur, voilà votre maître d'armes qui est là.

MONSIEUR JOURDAIN. Dis-lui qu'il entre ici pour me donner leçon. (*Au maître de musique, et au maître à danser.*) Je veux que vous me voyiez faire.

SCÈNE III.

MONSIEUR JOURDAIN, UN MAÎTRE D'ARMES, LE MAÎTRE DE MUSIQUE, LE MAÎTRE À DANSER; UN LAQUAIS, tenant deux fleurets.

LE MAÎTRE D'ARMES, *après avoir pris les deux fleurets de la main du laquais, et en avoir présenté un à* M. JOURDAIN. Allons, monsieur, la révérence. Votre corps droit. Un peu penché sur la cuisse gauche. Les jambes point tant écartées. Vos pieds sur une même ligne. Votre poignet à l'opposite de votre hanche. La pointe de votre épée vis-à-vis de votre épaule. Le bras pas tout à fait si étendu. La main gauche à la hauteur de l'œil. L'épaule gauche plus quartée. La tête droite. Le regard assuré. Avancez. Le corps ferme. Touchez-moi l'épée de quarte, et achevez de même. Une, deux. Remettez-vous. Redoublez de pied ferme. Un saut en arrière. Quand vous portez la botte, monsieur, il faut que l'épée parte la première, et que le corps soit bien effacé. Une, deux. Allons, touchez-moi l'épée de tierce, et achevez de même. Avancez. Le corps ferme. Avancez. Partez de là. Une, deux. Remettez-vous. Redoublez. Un saut en arrière. En garde, monsieur, en garde.

[*Le maître d'armes lui pousse deux ou trois bottes, en lui disant: en garde.*]

MONSIEUR JOURDAIN. Hé!

LE MAÎTRE DE MUSIQUE. Vous faites des merveilles.

LE M. D'ARMES. Je vous l'ai déjà dit; tout le secret des armes ne consiste qu'en deux choses, à donner et à ne point recevoir; et, comme je vous fis voir l'autre jour par raison démonstrative, il est impossible que vous receviez, si vous savez détourner l'épée de votre ennemi de la ligne de votre corps; ce qui ne dépend seulement que d'un petit mouvement du poignet, ou en dedans, ou en dehors.

M. JOURDAIN. De cette façon donc, un homme, sans avoir du cœur, est sûr de tuer son homme, et de n'être point tué?

LE M. D'ARMES. Sans doute. N'en vîtes-vous pas la démonstration?

M. JOURDAIN. Oui.

LE M. D'ARMES. Et c'est en quoi l'on voit de quelle considération nous autres nous devons être dans un État; et combien la science des armes l'emporte hautement sur toutes les autres sciences inutiles, comme la danse, la musique, la....

LE MAÎTRE À DANSER. Tout beau, monsieur le tireur d'armes; ne parlez de la danse qu'avec respect.

LE M. DE MUSIQUE. Apprenez, je vous prie, à mieux traiter l'excellence de la musique.

LE M. D'ARMES. Vous êtes de plaisantes gens, de vouloir comparer vos sciences à la mienne!

LE M. DE MUSIQUE. Voyez un peu l'homme d'importance!

LE M. À DANSER. Voilà un plaisant animal, avec son plastron!

LE M. D'ARMES. Mon petit maître à danser, je vous ferais danser comme il faut. Et vous, mon petit musicien, je vous ferais chanter de la belle manière.

LE M. À DANSER. Monsieur le batteur de fer, je vous apprendrai votre métier.

M. JOURDAIN, *au maître à danser.* Êtes-vous fou de l'aller quereller, lui qui entend la tierce et la quarte, et qui sait tuer un homme par raison démonstrative?

LE M. À DANSER. Je me moque de sa raison démonstrative, et de sa tierce et de sa quarte.

M. JOURDAIN, *au maître à danser.* Tout doux, vous dis-je.

LE M. D'ARMES, *au maître à danser.* Comment? petit impertinent!

M. JOURDAIN. Hé! mon maître d'armes!

LE M. À DANSER, *au maître d'armes.* Comment? grand cheval de carrosse!

M. JOURDAIN. Hé! mon maître à danser!

LE M. D'ARMES. Si je me jette sur vous....

M. JOURDAIN, *au maître d'armes.* Doucement!

LE M. À DANSER. Si je mets sur vous la main....

M. JOURDAIN, *au maître à danser.* Tout beau!

LE M. D'ARMES. Je vous étrillerai d'un air....

M. JOURDAIN, *au maître d'armes.* De grâce!

LE M. À DANSER. Je vous rosserai d'une manière....

M. JOURDAIN, *au maître à danser.* Je vous prie.

LE M. DE MUSIQUE. Laissez-nous un peu lui apprendre à parler.

M. JOURDAIN, *au maître de musique.* Mon Dieu! arrêtez-vous!

SCÈNE IV.

UN MAÎTRE DE PHILOSOPHIE, MONSIEUR JOURDAIN, LE MAÎTRE DE MUSIQUE, LE MAÎTRE À DANSER, LE MAÎTRE D'ARMES, UN LAQUAIS.

MONSIEUR JOURDAIN. Holà! monsieur le philosophe, vous arrivez tout à propos avec votre philosophie. Venez un peu mettre la paix entre ces personnes-ci.

LE MAÎTRE DE PHILOSOPHIE. Qu'est-ce donc! Qu'y a-t-il, messieurs?

M. JOURDAIN. Ils se sont mis en colère pour la préférence de leurs professions, jusqu'à se dire des injures, et en vouloir venir aux mains.

LE M. DE PHILOSOPHIE. Eh quoi! messieurs, faut-il s'emporter de la sorte? et n'avez-vous point lu le docte traité que Sénèque a composé de la colère? Y a-t-il rien de plus bas et de plus honteux que cette passion, qui fait d'un homme une bête féroce? et la raison ne doit-elle pas être maîtresse de tous nos mouvements?

Le maître à danser. Comment, monsieur! il vient nous dire des injures à tous deux, en méprisant la danse que j'exerce, et la musique dont il fait profession!

Le m. de philosophie. Un homme sage est au-dessus de toutes les injures qu'on lui peut dire; et la grande réponse qu'on doit faire aux outrages, c'est la modération et la patience.

Le maître d'armes. Ils ont tous deux l'audace de vouloir comparer leurs professions à la mienne!

Le m. de philosophie. Faut-il que cela vous émeuve? Ce n'est pas de vaine gloire et de condition que les hommes doivent disputer entre eux; et ce qui nous distingue parfaitement les uns des autres, c'est la sagesse et la vertu.

Le m. à danser. Je lui soutiens que la danse est une science à laquelle on ne peut faire assez d'honneur.

Le maître de musique. Et moi, que la musique en est une que tous les siècles ont révérée.

Le m. d'armes. Et moi je leur soutiens à tous deux que la science de tirer des armes est la plus belle et la plus nécessaire de toutes les sciences.

Le m. de philosophie. Et que sera donc la philosophie? Je vous trouve tous trois bien impertinents, de parler devant moi avec cette arrogance, et de donner impudemment le nom de science à des choses que l'on ne doit pas même honorer du nom d'art, et qui ne peuvent être comprises que sous le nom de métier misérable de gladiateur, de chanteur et de baladin!

Le m. d'armes. Allez, philosophe de chien.

Le m. de musique. Allez, bélître de pédant.

Le m. à danser. Allez, cuistre fieffé.

Le m. de philosophie. Comment! marauds que vous êtes....

[*Le philosophe se jette sur eux, et tous trois le chargent de coups.*]

M. Jourdain. Monsieur le philosophe!

Le m. de philosophie. Infâmes, coquins, insolents!

M. Jourdain. Monsieur le philosophe!

Le m. d'armes. La peste de l'animal!

M. Jourdain. Messieurs!

Le m. de philosophie. Impudents!

M. Jourdain. Monsieur le philosophe!

Le m. à danser. Diantre soit de l'âne bâté!

M. JOURDAIN. Messieurs!

LE M. DE PHILOSOPHIE. Scélérats!

M. JOURDAIN. Monsieur le philosophe!

LE M. DE MUSIQUE. Au diable l'impertinent!

M. JOURDAIN. Messieurs!

LE M. DE PHILOSOPHIE. Fripons, gueux, traîtres, imposteurs!

M. JOURDAIN. Monsieur le philosophe! Messieurs! Monsieur le philosophe! Messieurs! Monsieur le philosophe! [*Ils sortent en se battant.*]

SCÈNE V.

MONSIEUR JOURDAIN, UN LAQUAIS.

M. JOURDAIN. Oh! battez-vous tant qu'il vous plaira: je n'y saurais que faire, et je n'irai pas gâter ma robe pour vous séparer. Je serais bien fou de m'aller fourrer parmi eux, pour recevoir quelque coup qui me ferait mal.

SCÈNE VI.

LE MAÎTRE DE PHILOSOPHIE, MONSIEUR JOURDAIN, UN LAQUAIS.

LE MAÎTRE DE PHILOSOPHIE, *raccommodant son collet.* Venons à notre leçon.

MONSIEUR JOURDAIN. Ah! monsieur, je suis fâché des coups qu'ils vous ont donnés!

LE M. DE PHILOSOPHIE. Cela n'est rien. Un philosophe sait recevoir comme il faut les choses; et je vais composer contre eux une satire du style de Juvénal qui les déchirera de la belle façon. Laissons cela. Que voulez-vous apprendre?

M. JOURDAIN. Tout ce que je pourrai; car j'ai toutes les envies du monde d'être savant; et j'enrage que mon père et ma mère ne m'aient pas fait bien étudier dans toutes les sciences, quand j'étais jeune.

LE M. DE PHILOSOPHIE. Ce sentiment est raisonnable; *nam, sine doctrinâ, vita est quasi mortis imago.* Vous entendez cela, et vous savez le latin, sans doute.

M. JOURDAIN. Oui : mais faites comme si je ne le savais pas. Expliquez-moi ce que cela veut dire.

LE M. DE PHILOSOPHIE. Cela veut dire que, *sans la science, la vie est presque une image de la mort.*

M. JOURDAIN. Ce latin-là a raison.

LE M. DE PHILOSOPHIE. N'avez-vous point quelques principes, quelques commencements des sciences?

M. JOURDAIN. Oh! oui. Je sais lire et écrire.

LE M. DE PHILOSOPHIE. Par où vous plaît-il que nous commencions? voulez-vous que je vous apprenne la logique?

M. JOURDAIN. Qu'est-ce que c'est que cette logique?

LE M. DE PHILOSOPHIE. C'est elle qui enseigne les trois opérations de l'esprit.

M. JOURDAIN. Qui sont-elles, ces trois opérations de l'esprit?

LE M. DE PHILOSOPHIE. La première, la seconde et la troisième. La première est de bien concevoir, par le moyen des universaux; la seconde, de bien juger, par le moyen des catégories; et la troisième, de bien tirer une conséquence par le moyen des figures: *Barbara, Celarent, Darii, Ferio, Baralipton*[1], *etc.*

M. JOURDAIN. Voilà des mots qui sont trop rébarbatifs. Cette logique-là ne me revient point. Apprenons autre chose qui soit plus joli.

LE M. DE PHILOSOPHIE. Voulez-vous apprendre la morale?

M. JOURDAIN. La morale?

LE M. DE PHILOSOPHIE. Oui.

M. JOURDAIN. Qu'est-ce qu'elle dit, cette morale?

LE M. DE PHILOSOPHIE. Elle traite de la félicité, enseigne aux hommes à modérer leurs passions, et...

M. JOURDAIN. Non, laissons cela. Je suis bilieux

[1] Mots qui n'ont de signification en aucune langue, et que l'on employait comme moyen mnémotechnique pour retenir certaines règles très-compliquées de la logique.

comme tous les diables; et il n'y a morale qui tienne, je me veux mettre en colère tout mon soûl, quand il m'en prend envie.

LE M. DE PHILOSOPHIE. Est-ce la physique que vous voulez apprendre?

M. JOURDAIN. Qu'est-ce qu'elle chante, cette physique?

LE M. DE PHILOSOPHIE. La physique est celle qui explique les principes des choses naturelles, et les propriétés des corps; qui discourt de la nature des éléments, des métaux, des minéraux, des pierres, des plantes et des animaux, et nous enseigne les causes de tous les météores, l'arc-en-ciel, les feux volants, les comètes, les éclairs, le tonnerre, la foudre, la pluie, la neige, la grêle, les vents et les tourbillons.

M. JOURDAIN. Il y a trop de tintamarre là-dedans, trop de brouillamini.

LE M. DE PHILOSOPHIE. Que voulez-vous donc que je vous apprenne?

M. JOURDAIN. Apprenez-moi l'orthographe.

LE M. DE PHILOSOPHIE. Très-volontiers.

M. JOURDAIN. Après, vous m'apprendrez l'almanach, pour savoir quand il y a de la lune, et quand il n'y en a point.

LE M. DE PHILOSOPHIE. Soit. Pour bien suivre votre pensée, et traiter cette matière en philosophe, il faut commencer, selon l'ordre des choses, par une exacte connaissance de la nature des lettres, et de la différente manière de les prononcer toutes. Et là-dessus j'ai à vous dire que les lettres sont divisées en voyelles, ainsi dites voyelles, parce qu'elles expriment les voix; et en consonnes, ainsi appelées consonnes, parce qu'elles sonnent avec les voyelles, et ne font que marquer les diverses articulations des voix. Il y a cinq voyelles, ou voix: A, E, I, O, U.

M. JOURDAIN. J'entends tout cela.

LE M. DE PHILOSOPHIE. La voix A se forme en ouvrant fort la bouche: A.

M. JOURDAIN. A, A. Oui.

LE M. DE PHILOSOPHIE. La voix E se forme en rapprochant la mâchoire d'en bas de celle d'en haut: A, E.

M. JOURDAIN. A, E; A, E. Ma foi, oui. Ah! que cela est beau!

LE M. DE PHILOSOPHIE. Et la voix I, en rapprochant encore davantage les mâchoires l'une de l'autre, et écartant les deux coins de la bouche vers les oreilles: A, E, I.

M. JOURDAIN. A, E, I, I, I, I. Cela est vrai. Vive la science!

LE M. DE PHILOSOPHIE. La voix O se forme en rouvrant les mâchoires, et rapprochant les lèvres par les deux coins, le haut et le bas: O.

M. JOURDAIN. O, O. Il n'y a rien de plus juste: A, E, I, O, I, O. Cela est admirable! I, O; I, O.

LE M. DE PHILOSOPHIE. L'ouverture de la bouche fait justement comme un petit rond qui représente un O.

M. JOURDAIN. O, O, O. Vous avez raison. O. Ah! la belle chose que de savoir quelque chose!

LE M. DE PHILOSOPHIE. La voix U se forme en rapprochant les dents sans les joindre entièrement, et allongeant les deux lèvres en dehors, les approchant aussi l'une de l'autre, sans les joindre tout à fait: U.

M. JOURDAIN. U, U. Il n'y a rien de plus véritable: U.

LE M. DE PHILOSOPHIE. Vos deux lèvres s'allongent comme si vous faisiez la moue: d'où vient que si vous la voulez faire à quelqu'un, et vous moquer de lui, vous ne sauriez lui dire que U.

M. JOURDAIN. U, U. Cela est vrai. Ah! que n'ai-je étudié plus tôt, pour savoir tout cela!

LE M. DE PHILOSOPHIE. Demain, nous verrons les autres lettres, qui sont les consonnes.

M. JOURDAIN. Est-ce qu'il y a des choses aussi curieuses qu'à celles-ci?

LE M. DE PHILOSOPHIE. Sans doute. La consonne D, par exemple, se prononce en donnant du bout de la langue au-dessus des dents d'en haut: DA.

M. JOURDAIN. DA, DA. Oui. Ah! Les belles choses! les belles choses!

LE M. DE PHILOSOPHIE. L'F, en appuyant les dents d'en haut sur la lèvre de dessous: FA.

M. JOURDAIN. FA, FA. C'est la vérité. Ah! mon père et ma mère, que je vous veux de mal!

LE M. DE PHILOSOPHIE. Et l'R, en portant le bout de la langue jusqu'au bout du palais; de sorte qu'étant frôlée par l'air qui sort avec force, elle lui cède, et revient toujours au même endroit, faisant une manière de tremblement: R, RA.

M. JOURDAIN. R, R, RA, R, R, R, R, R, RA. Cela est vrai. Ah! l'habile homme que vous êtes, et que j'ai perdu de temps! R, R, R, RA.

LE M. DE PHILOSOPHIE. Je vous expliquerai à fond toutes ces curiosités.

M. JOURDAIN. Je vous en prie. Au reste, il faut que je vous fasse une confidence. Je suis amoureux d'une personne de grande qualité, et je souhaiterais que vous m'aidassiez à lui écrire quelque chose dans un petit billet que je veux laisser tomber à ses pieds.

LE M. DE PHILOSOPHIE. Fort bien!

M. JOURDAIN. Cela sera galant, oui.

LE M. DE PHILOSOPHIE. Sans doute. Sont-ce des vers que vous lui voulez écrire?

M. JOURDAIN. Non, non; point de vers.

LE M. DE PHILOSOPHIE. Vous ne voulez que de la prose?

M. JOURDAIN. Non, je ne veux ni prose ni vers.

LE M. DE PHILOSOPHIE. Il faut bien que ce soit l'un ou l'autre.

M. JOURDAIN. Pourquoi?

LE M. DE PHILOSOPHIE. Par la raison, monsieur, qu'il n'y a, pour s'exprimer, que la prose ou les vers.

M. JOURDAIN. Il n'y a que la prose ou les vers?

LE M. DE PHILOSOPHIE. Non, monsieur. Tout ce qui n'est point prose est vers: et tout ce qui n'est point vers est prose.

M. JOURDAIN. Et comme l'on parle, qu'est-ce que c'est donc que cela?

LE M. DE PHILOSOPHIE. De la prose.

M. JOURDAIN. Quoi! quand je dis: "Nicole, apportez-moi mes pantoufles, et me donnez mon bonnet de nuit," c'est de la prose?

LE M. DE PHILOSOPHIE. Oui, monsieur.

M. JOURDAIN. Par ma foi, il y a plus de quarante ans

que je dis de la prose, sans que j'en susse rien; et je vous suis le plus obligé du monde, de m'avoir appris cela. Je voudrais donc lui mettre dans un billet: *Belle marquise, vos beaux yeux me font mourir d'amour;* mais je voudrais que cela fût mis d'une manière galante; que cela fût tourné gentiment.

LE M. DE PHILOSOPHIE. Mettre que les feux de ses yeux réduisent votre cœur en cendres; que vous souffrez nuit et jour pour elle les violences d'un....

M. JOURDAIN. Non, non, non; je ne veux point tout cela. Je ne veux que ce que je vous ai dit: *Belle marquise, vos beaux yeux me font mourir d'amour.*

LE M. DE PHILOSOPHIE. Il faut bien étendre un peu la chose.

M. JOURDAIN. Non, vous dis-je. Je ne veux que ces seules paroles-là dans le billet, mais tournées à la mode, bien arrangées comme il faut. Je vous prie de me dire un peu, pour voir, les diverses manières dont on les peut mettre.

LE M. DE PHILOSOPHIE. On les peut mettre premièrement comme vous avez dit: *Belle marquise, vos beaux yeux me font mourir d'amour.* Ou bien: *D'amour mourir me font, belle marquise, vos beaux yeux.* Ou bien: *Vos yeux beaux d'amour me font, belle marquise, mourir.* Ou bien: *Mourir vos beaux yeux, belle marquise, d'amour me font.* Ou bien: *Me font vos yeux beaux mourir, belle marquise, d'amour.*

M. JOURDAIN. Mais de toutes ces façons-là, laquelle est la meilleure?

LE M. DE PHILOSOPHIE. Celle que vous avez dite: *Belle marquise, vos beaux yeux me font mourir d'amour.*

M. JOURDAIN. Cependant je n'ai point étudié, et j'ai fait cela tout du premier coup. Je vous remercie de tout mon cœur, et je vous prie de venir demain de bonne heure.

LE M. DE PHILOSOPHIE. Je n'y manquerai pas.

SCÈNE VII.

MONSIEUR JOURDAIN, UN LAQUAIS.

MONSIEUR JOURDAIN, *à son laquais.* Comment, mon habit n'est point encore arrivé?

LE LAQUAIS. Non, monsieur.

M. JOURDAIN. Ce maudit tailleur me fait bien attendre pour un jour où j'ai tant d'affaires. J'enrage. Que la fièvre quartaine puisse serrer bien fort le bourreau de tailleur! Au diable le tailleur! La peste étouffe le tailleur! Si je le tenais maintenant, ce tailleur détestable, ce chien de tailleur-là, ce traître de tailleur, je...

SCÈNE VIII.

MONSIEUR JOURDAIN, UN MAÎTRE TAILLEUR; UN GARÇON TAILLEUR, portant l'habit de M. Jourdain; UN LAQUAIS.

MONSIEUR JOURDAIN. Ah! vous voilà! Je m'allais mettre en colère contre vous.

LE MAÎTRE TAILLEUR. Je n'ai pas pu venir plus tôt, et j'ai mis vingt garçons après votre habit.

M. JOURDAIN. Vous m'avez envoyé des bas de soie si étroits que j'ai eu toutes les peines du monde à les mettre; et il y a déjà deux mailles de rompues.

LE M. TAILLEUR. Ils ne s'élargiront que trop.

M. JOURDAIN. Oui, si je romps toujours des mailles. Vous m'avez aussi fait faire des souliers qui me blessent furieusement.

LE M. TAILLEUR. Point du tout, monsieur.

M. JOURDAIN. Comment! point du tout!

LE M. TAILLEUR. Non, ils ne vous blessent point.

M. JOURDAIN. Je vous dis qu'ils me blessent, moi.

LE M. TAILLEUR. Vous vous imaginez cela.

M. JOURDAIN. Je me l'imagine parce que je le sens. Voyez la belle raison!

LE M. TAILLEUR. Tenez, voilà le plus bel habit de la cour, et le mieux assorti. C'est un chef-d'œuvre que d'avoir inventé un habit sérieux qui ne fût pas noir; et je le donne en six coups aux tailleurs les plus éclairés.

M. JOURDAIN. Qu'est-ce que c'est que ceci? Vous avez mis les fleurs en en-bas.

LE M. TAILLEUR. Vous ne m'avez pas dit que vous les vouliez en en-haut.

M. JOURDAIN. Est-ce qu'il faut dire cela?

LE M. TAILLEUR. Oui, vraiment. Toutes les personnes de qualité les portent de la sorte.

M. JOURDAIN. Les personnes de qualité portent les fleurs en en bas?

LE M. TAILLEUR. Oui, monsieur.

M. JOURDAIN. Oh! voilà qui est donc bien.

LE M. TAILLEUR. Si vous voulez, je les mettrai en en-haut.

M. JOURDAIN. Non, non.

LE M. TAILLEUR. Vous n'avez qu'à dire.

M. JOURDAIN. Non, vous dis-je; vous avez bien fait. Croyez-vous que l'habit m'aille bien?

LE M. TAILLEUR. Belle demande! Je défie un peintre, avec son pinceau, de vous faire rien de plus juste. J'ai chez moi un garçon qui, pour monter une rhingrave, est le plus grand génie du monde; et un autre qui, pour assembler un pourpoint, est le héros de notre temps.

M. JOURDAIN. La perruque et les plumes sont-elles comme il faut?

LE M. TAILLEUR. Tout est bien.

M. JOURDAIN, *regardant le maître tailleur.* Ah! ah! monsieur le tailleur, voilà de mon étoffe du dernier habit que vous m'avez fait. Je la reconnais bien.

LE M. TAILLEUR. C'est que l'étoffe me sembla si belle, que j'en ai voulu lever un habit pour moi.

M. JOURDAIN. Oui: mais il ne fallait pas le lever avec le mien.

LE M. TAILLEUR. Voulez-vous mettre votre habit?

M. JOURDAIN. Oui: donnez-le-moi.

LE M. TAILLEUR. Attendez. Cela ne va pas comme cela. J'ai amené des gens pour vous habiller en cadence, et ces sortes d'habits se mettent avec cérémonie. Holà! entrez, vous autres.

SCÈNE IX.

MONSIEUR JOURDAIN, LE MAÎTRE TAILLEUR, LE GARÇON TAILLEUR, GARÇONS TAILLEURS dansants, UN LAQUAIS.

LE MAÎTRE TAILLEUR, *à ses garçons.* Mettez cet habit à monsieur, de la manière que vous faites aux personnes de qualité.

PREMIÈRE ENTRÉE DE BALLET. *Les quatre garçons tailleurs dansants s'approchent de* M. JOURDAIN. *Deux lui arrachent le haut-de-chausses de ses exercices; les deux autres lui ôtent la camisole; après quoi, toujours en cadence, ils lui mettent son habit neuf.* M. JOURDAIN *se promène au milieu d'eux, et leur montre son habit, pour voir s'il est bien.*

GARÇON TAILLEUR. Mon gentilhomme, donnez, s'il vous plaît aux garçons quelque chose pour boire.

MONSIEUR JOURDAIN. Comment m'appelez-vous?

GARÇON T. Mon gentilhomme.

M. JOURDAIN. Mon gentilhomme! Voilà ce que c'est que de se mettre en personne de qualité! Allez-vous-en demeurer toujours habillé en bourgeois, on ne vous dira point: Mon gentilhomme. (*Donnant de l'argent.*) Tenez, voilà pour Mon gentilhomme.

GARÇON T. Monseigneur, nous vous sommes bien obligés.

M. JOURDAIN. Monseigneur! oh! oh! Monseigneur! Attendez, mon ami; Monseigneur mérite quelque chose, et ce n'est pas une petite parole que Monseigneur! Tenez, voilà ce que Monseigneur vous donne.

GARÇON T. Monseigneur, nous allons boire tous à la santé de Votre Grandeur.

M. JOURDAIN. Votre Grandeur! Oh! oh! oh! Attendez; ne vous en allez pas. À moi, Votre Grandeur! (*Bas, à part.*) Ma foi, s'il va jusqu'à l'Altesse, il aura toute la bourse. (*Haut.*) Tenez, voilà pour Ma Grandeur.

GARÇON T. Monseigneur, nous la remercions très-humblement de ses libéralités.

M. JOURDAIN. Il a bien fait: je lui allais tout donner.

SCÈNE X.

DEUXIÈME ENTRÉE DE BALLET. *Les quatre garçons tailleurs se réjouissent, en dansant, de la libéralité de* M. JOURDAIN.

ARGUMENT TO THE THIRD ACT.

Act iii. shows us M. Jourdain in a court dress, eager to show himself in the streets; before setting out he sends for his housemaid Nicole to give her some instructions. Her laughter at her master's comical appearance is irrepressible. Madame Jourdain now comes in and both she and Nicole are treated to a repetition of the lessons that the Bourgeois has just received. While Madame Jourdain is lecturing her husband on his folly the needy nobleman Dorante is ushered in, and obtains from M. Jourdain the loan of a fresh sum of money by pretending to favour the passion the Bourgeois has conceived for a certain Marchioness (Dorimène) whom he himself, Dorante, is courting for her wealth. Then follow some scenes which introduce us to Cléonte in love with Lucile (M. Jourdain's daughter) and to Covielle (Cléonte's valet) in love with Nicole. The resentment which the two lovers exhibit at the cold reception they had met from their loved ones in the morning, soon vanishes when they are brought face to face with them. Madame Jourdain favours Cléonte's suit, but her husband opposes it; Covielle devises a scheme to secure Lucile's hand for his master; and Dorante and Dorimène gladly promise to give their help. The Act ends with a sumptuous repast enlivened by a band of musicians and singers.

ACTE TROISIÈME.

SCÈNE I

MONSIEUR JOURDAIN, DEUX LAQUAIS.

MONSIEUR JOURDAIN. Suivez-moi, que j'aille un peu montrer mon habit par la ville; et surtout ayez soin tous deux de marcher immédiatement sur mes pas, afin qu'on voie bien que vous êtes à moi.

LAQUAIS. Oui, monsieur.

M. JOURDAIN. Appelez-moi Nicole, que je lui donne quelques ordres. Ne bougez : la voilà.

SCÈNE II.

MONSIEUR JOURDAIN, NICOLE, DEUX LAQUAIS.

MONSIEUR JOURDAIN. Nicole!

NICOLE. Plaît-il?

M. JOURDAIN. Écoutez.

NI., *riant.* Hi, hi, hi, hi, hi.

M. JOURDAIN. Qu'as-tu à rire?

NI. Hi, hi, hi, hi, hi, hi.

M. JOURDAIN. Que veut dire cette coquine-là?

NI. Hi, hi, hi. Comme vous voilà bâti! Hi, hi, hi.

M. JOURDAIN. Comment donc?

NI. Ah! ah! mon Dieu! Hi, hi, hi, hi, hi.

M. JOURDAIN. Quelle friponne est-ce là? Te moques-tu de moi?

NI. Nenni, monsieur; j'en serais bien fâchée. Hi, hi, hi, hi, hi, hi.

M. JOURDAIN. Je te baillerai sur le nez, si tu ris davantage.

NI. Monsieur, je ne puis pas m'en empêcher. Hi, hi, hi, hi, hi, hi.

M. JOURDAIN. Tu ne t'arrêteras pas?

NI. Monsieur, je vous demande pardon; mais vous êtes si plaisant, que je ne saurais me tenir de rire. Hi, hi, hi.

M. JOURDAIN. Mais voyez quelle insolence!

NI. Vous êtes tout à fait drôle comme cela. Hi, hi.

M. JOURDAIN. Je te...

NI. Je vous prie de m'excuser. Hi, hi, hi, hi.

M. JOURDAIN. Tiens, si tu ris encore le moins du monde, je te jure que je t'appliquerai sur la joue le plus grand soufflet qui se soit jamais donné.

NI. Hé bien! monsieur, voilà qui est fait: je ne rirai plus.

M. JOURDAIN. Prends-y bien garde. Il faut que, pour tantôt, tu nettoies...

NI. Hi, hi.

M. JOURDAIN. Que tu nettoies comme il faut...

NI. Hi, hi.

M. Jourdain. Il faut, dis-je, que tu nettoies la salle, et...

Ni. Hi, hi.

M. Jourdain. Encore?

Ni., *tombant à force de rire.* Tenez, monsieur, battez-moi plutôt, et me laissez rire tout mon soûl; cela me fera plus de bien. Hi, hi, hi, hi, hi.

M. Jourdain. J'enrage.

Ni. De grâce, monsieur, je vous prie de me laisser rire. Hi, hi, hi.

M. Jourdain. Si je te prends...

Ni. Monsieur, eur, je crèverai, ai, si je ne ris. Hi, hi, hi.

M. Jourdain. Mais a-t-on jamais vu une pendarde comme celle-là, qui me vient rire insolemment au nez, au lieu de recevoir mes ordres?

Ni. Que voulez-vous que je fasse, monsieur?

M. Jourdain. Que tu songes, coquine, à préparer ma maison pour la compagnie qui doit venir tantôt.

Ni., *se relevant.* Ah! par ma foi, je n'ai plus envie de rire; et toutes vos compagnies font tant de désordres céans, que ce mot est assez pour me mettre en mauvaise humeur.

M. Jourdain. Ne dois-je point pour toi fermer ma porte à tout le monde?

Ni. Vous devriez au moins la fermer à certaines gens.

SCÈNE III.

MADAME JOURDAIN, MONSIEUR JOURDAIN, NICOLE, DEUX LAQUAIS.

Madame Jourdain. Ah! ah! voici une nouvelle histoire! Qu'est-ce que c'est donc, mon mari, que cet équipage-là? Vous moquez-vous du monde, de vous être fait enharnacher de la sorte? et avez-vous envie qu'on se raille partout de vous?

Monsieur Jourdain. Il n'y a que des sots et des sottes, ma femme, qui se railleront de moi.

Mme Jourdain. Vraiment, on n'a pas attendu jusqu'à

cette heure; et il y a longtemps que vos façons de faire donnent à rire à tout le monde.

M. JOURDAIN. Qui est donc tout ce monde-là, s'il vous plaît?

MME JOURDAIN. Tout ce monde-là est un monde qui a raison, et qui est plus sage que vous. Pour moi, je suis scandalisée de la vie que vous menez. Je ne sais plus ce que c'est que notre maison. On dirait qu'il est céans carême-prenant tous les jours; et, dès le matin, de peur d'y manquer, on y entend des vacarmes de violons et de chanteurs, dont tout le voisinage se trouve incommodé.

NICOLE. Madame parle bien. Je ne saurais plus voir mon ménage propre avec cet attirail de gens que vous faites venir chez vous. Ils ont des pieds qui vont chercher de la boue dans tous les quartiers de la ville pour l'apporter ici; et la pauvre Françoise est presque sur les dents, à frotter les planchers que vos biaux maîtres viennent crotter régulièrement tous les jours.

M. JOURDAIN. Ouais! notre servante Nicole, vous avez le caquet bien affilé, pour une paysanne!

MME JOURDAIN. Nicole a raison, et son sens est meilleur que le vôtre. Je voudrais bien savoir ce que vous pensez faire d'un maître à danser, à l'âge que vous avez?

NI. Et d'un grand maître tireur d'armes, qui vient, avec ses battements de pied, ébranler toute la maison, et nous déraciner tous les carriaux de notre salle?

M. JOURDAIN. Taisez-vous, ma servante et ma femme.

MME JOURDAIN. Est-ce que vous voulez apprendre à danser pour quand vous n'aurez plus de jambes?

NI. Est-ce que vous avez envie de tuer quelqu'un?

M. JOURDAIN. Taisez-vous, vous dis-je; vous êtes des ignorantes l'une et l'autre; et vous ne savez pas les prérogatives de tout cela.

MME JOURDAIN. Vous devriez bien plutôt songer à marier votre fille, qui est en âge d'être pourvue.

M. JOURDAIN. Je songerai à marier ma fille quand il se présentera un parti pour elle; mais je veux songer aussi à apprendre les belles choses.

NI. J'ai encore ouï dire, madame, qu'il a pris aujourd'hui, pour renfort de potage, un maître de philosophie.

M. JOURDAIN. Fort bien. Je veux avoir de l'esprit, et savoir raisonner des choses parmi les honnêtes gens.

MME JOURDAIN. N'irez-vous point, l'un de ces jours, au collège vous faire donner le fouet, à votre âge?

M. JOURDAIN. Pourquoi non? Plût à Dieu l'avoir tout à l'heure, le fouet, devant tout le monde, et savoir ce qu'on apprend au collège!

NI. Oui, ma foi! cela vous rendrait la jambe bien mieux faite.

M. JOURDAIN. Sans doute.

MME JOURDAIN. Tout cela est fort nécessaire pour conduire votre maison!

M. JOURDAIN. Assurément. Vous parlez toutes deux comme des bêtes, et j'ai honte de votre ignorance. (*À* MME JOURDAIN.) Par exemple, savez-vous, vous, ce que c'est que vous dites à cette heure?

MME JOURDAIN. Oui. Je sais que ce que je dis est fort bien dit, et que vous devriez songer à vivre d'autre sorte.

M. JOURDAIN. Je ne parle pas de cela. Je vous demande ce que c'est que les paroles que vous dites ici.

MME JOURDAIN. Ce sont des paroles bien sensées, et votre conduite ne l'est guère.

M. JOURDAIN. Je ne parle pas de cela, vous dis-je. Je vous demande : ce que je parle avec vous, ce que je vous dis à cette heure, qu'est-ce que c'est?

MME JOURDAIN. Des chansons.

M. JOURDAIN. Eh! non, ce n'est pas cela. Ce que nous disons tous deux, le langage que nous parlons à cette heure?

MME JOURDAIN. Eh bien?

M. JOURDAIN. Comment est-ce que cela s'appelle?

MME JOURDAIN. Cela s'appelle comme on veut l'appeler.

M. JOURDAIN. C'est de la prose, ignorante.

MME JOURDAIN. De la prose?

M. JOURDAIN. Oui, de la prose. Tout ce qui est prose n'est point vers; et tout ce qui n'est point vers est prose. Hé! voilà ce que c'est que d'étudier. (*À* NICOLE.) Et toi, sais-tu bien comme il faut faire pour dire un U.

NI. Comment?

M. JOURDAIN. Oui. Qu'est-ce que tu fais quand tu dis U?

NI. Quoi?

M. JOURDAIN. Dis un peu U, pour voir.

NI. Eh bien! U.

M. JOURDAIN. Qu'est-ce que tu fais?

NI. Je dis U.

M. JOURDAIN. Oui: mais quand tu dis U, qu'est-ce que tu fais?

NI. Je fais ce que vous me dites.

M. JOURDAIN. Oh! l'étrange chose que d'avoir affaire à des bêtes! Tu allonges les lèvres en dehors, et approches la mâchoire d'en haut de celle d'en bas; U, vois-tu? Je fais la moue: U.

NI. Oui, cela est biau.

MME JOURDAIN. Voilà qui est admirable!

M. JOURDAIN. C'est bien autre chose, si vous aviez vu O, et DA, DA, et FA, FA!

MME JOURDAIN. Qu'est-ce que c'est donc que tout ce galimatias-là?

NI. De quoi est-ce que tout cela guérit?

M. JOURDAIN. J'enrage, quand je vois des femmes ignorantes.

MME JOURDAIN. Allez, vous devriez envoyer promener tous ces gens-là, avec leurs fariboles.

NI. Et surtout ce grand escogriffe de maître d'armes, qui remplit de poudre tout mon ménage.

M. JOURDAIN. Ouais! ce maître d'armes vous tient fort au cœur! Je te veux faire voir ton impertinence tout à l'heure. (*Après avoir fait apporter des fleurets, et en avoir donné un à* NICOLE.) Tiens, raison démonstrative, la ligne du corps. Quand on pousse en quarte, on n'a qu'à faire cela; et quand on pousse en tierce, on n'a qu'à faire cela. Voilà le moyen de n'être jamais tué; et cela n'est-il pas beau, d'être assuré de son fait quand on se bat contre quelqu'un? Là, pousse-moi un peu, pour voir.

NI. Eh bien! quoi!

[NICOLE *pousse plusieurs bottes à* M. JOURDAIN.]

M. JOURDAIN. Tout beau! Holà! ho! Doucement! Diantre soit la coquine!

NI. Vous me dites de pousser.

M. JOURDAIN. Oui; mais tu me pousses en tierce avant que de pousser en quarte, et tu n'as pas la patience que je pare.

MME JOURDAIN. Vous êtes fou, mon mari, avec toutes vos fantaisies; et cela vous est venu depuis que vous vous mêlez de hanter la noblesse.

M. JOURDAIN. Lorsque je hante la noblesse, je fais paraître mon jugement; et cela est plus beau que de hanter votre bourgeoisie.

MME JOURDAIN. Çamon vraiment! il y a fort à gagner à fréquenter vos nobles, et vous avez bien opéré avec ce beau monsieur le comte, dont vous vous êtes embéguiné!

M. JOURDAIN. Paix; songez à ce que vous dites. Savez-vous bien, ma femme, que vous ne savez pas de qui vous parlez, quand vous parlez de lui? C'est une personne d'importance plus que vous ne pensez, un seigneur que l'on considère à la cour, et qui parle au roi tout comme je vous parle. N'est-ce pas une chose qui m'est tout à fait honorable, que l'on voie venir chez moi si souvent une personne de cette qualité, qui m'appelle son cher ami, et me traite comme si j'étais son égal? Il a pour moi des bontés qu'on ne devinerait jamais; et devant tout le monde il me fait des caresses dont je suis moi-même confus.

MME JOURDAIN. Oui, il a des bontés pour vous et vous fait des caresses; mais il vous emprunte votre argent.

M. JOURDAIN. Eh bien! ne m'est-ce pas de l'honneur de prêter de l'argent à un homme de cette condition-là? et puis-je faire moins pour un seigneur qui m'appelle son cher ami?

MME JOURDAIN. Et ce seigneur, que fait-il pour vous?

M. JOURDAIN. Des choses dont on serait étonné, si on les savait.

MME JOURDAIN. Et quoi?

M. JOURDAIN. Baste! je ne puis pas m'expliquer. Il suffit que, si je lui ai prêté de l'argent, il me le rendra bien, et avant qu'il soit peu.

MME JOURDAIN. Oui. Attendez-vous à cela.

M. JOURDAIN. Assurément. Ne me l'a-t-il pas dit?

MME JOURDAIN. Oui, oui, il ne manquera pas d'y faillir.

M. JOURDAIN. Il m'a juré sa foi de gentilhomme.

MME JOURDAIN. Chansons!

M. JOURDAIN. Ouais! Vous êtes bien obstinée, ma femme! Je vous dis qu'il me tiendra sa parole; j'en suis sûr.

MME JOURDAIN. Et moi, je suis sûre que non, et que toutes les caresses qu'il vous fait ne sont que pour vous enjôler.

M. JOURDAIN. Taisez-vous. Le voici.

MME JOURDAIN. Il ne nous faut plus que cela. Il vient peut-être encore vous faire quelque emprunt; et il me semble que j'ai dîné quand je le vois.

M. JOURDAIN. Taisez-vous, vous dis-je.

SCÈNE IV.

DORANTE, MONSIEUR JOURDAIN, MADAME JOURDAIN, NICOLE.

DORANTE. Mon cher ami, monsieur Jourdain, comment vous portez-vous?

MONSIEUR JOURDAIN. Fort bien, monsieur, pour vous rendre mes petits services.

DOR. Et madame Jourdain, que voilà, comment se porte-t-elle?

MADAME JOURDAIN. Madame Jourdain se porte comme elle peut.

DOR. Comment! monsieur Jourdain, vous voilà le plus propre du monde!

M. JOURDAIN. Vous voyez.

DOR. Vous avez tout à fait bon air avec cet habit; et nous n'avons point de jeunes gens à la cour qui soient mieux faits que vous.

M. JOURDAIN. Hai, hai.

MME JOURDAIN, *à part.* Il le gratte par où il se démange.

DOR. Tournez-vous. Cela est tout à fait galant.

Mme Jourdain, *à part.* Oui, aussi sot par derrière que par devant.

Dor. Ma foi, monsieur Jourdain, j'avais une impatience étrange de vous voir. Vous êtes l'homme du monde que j'estime le plus; et je parlais encore de vous, ce matin, dans la chambre du roi.

M. Jourdain. Vous me faites beaucoup d'honneur, monsieur. (*À* Madame Jourdain.) Dans la chambre du roi!

Dor. Allons, mettez.

M. Jourdain. Monsieur, je sais le respect que je vous dois.

Dor. Mon Dieu! mettez. Point de cérémonie entre nous, je vous prie.

M. Jourdain. Monsieur...

Dor. Mettez, vous dis-je, monsieur Jourdain: vous êtes mon ami.

M. Jourdain. Monsieur, je suis votre serviteur.

Dor. Je ne me couvrirai point, si vous ne vous couvrez.

M. Jourdain, *se couvrant.* J'aime mieux être incivil qu'importun.

Dor. Je suis votre débiteur, comme vous le savez.

Mme Jourdain, *à part.* Oui: nous ne le savons que trop.

Dor. Vous m'avez généreusement prêté de l'argent en plusieurs occasions, et m'avez obligé de la meilleure grâce du monde, assurément.

M. Jourdain. Monsieur, vous vous moquez.

Dor. Mais je sais rendre ce qu'on me prête, et reconnaître les plaisirs qu'on me fait.

M. Jourdain. Je n'en doute point, monsieur.

Dor. Je veux sortir d'affaire avec vous; et je viens ici pour faire nos comptes ensemble.

M. Jourdain, *bas, à* Madame Jourdain. Eh bien! vous voyez votre impertinence, ma femme.

Dor. Je suis homme qui aime à m'acquitter le plus tôt que je puis.

M. Jourdain, *bas, à* Madame Jourdain. Je vous le disais bien.

Dor. Voyons un peu ce que je vous dois.

M. JOURDAIN, *bas, à* MADAME JOURDAIN. Vous voilà, avec vos soupçons ridicules.

DOR. Vous souvenez-vous bien de tout l'argent que vous m'avez prêté?

M. JOURDAIN. Je crois que oui. J'en ai fait un petit mémoire. Le voici. Donné à vous une fois deux cents louis.

DOR. Cela est vrai.

M. JOURDAIN. Une autre fois six-vingts.

DOR. Oui.

M. JOURDAIN. Et une autre fois cent quarante.

DOR. Vous avez raison.

M. JOURDAIN. Ces trois articles font quatre cent soixante louis, qui valent cinq mille soixante livres.

DOR. Le compte est fort bon. Cinq mille soixante livres.

M. JOURDAIN. Mille huit cent trente-deux livres à votre plumassier.

DOR. Justement.

M. JOURDAIN. Deux mille sept cent quatre-vingts livres à votre tailleur.

DOR. Il est vrai.

M. JOURDAIN. Quatre mille trois cent septante-neuf livres douze sous huit deniers à votre marchand.

DOR. Fort bien. Douze sous huit deniers; le compte est juste.

M. JOURDAIN. Et mille sept cent quarante-huit livres sept sous quatre deniers à votre sellier.

DOR. Tout cela est véritable. Qu'est-ce que cela fait?

M. JOURDAIN. Somme totale, quinze mille huit cents livres.

DOR. Somme totale est juste. Quinze mille huit cents livres. Mettez encore deux cents pistoles que vous m'allez donner: cela fera justement dix-huit mille francs, que je vous payerai au premier jour.

MME JOURDAIN, *bas, à* M. JOURDAIN. Eh bien! ne l'avais-je pas bien deviné?

M. JOURDAIN, *bas, à* MADAME JOURDAIN. Paix.

DOR. Cela vous incommodera-t-il, de me donner ce que je vous dis?

M. JOURDAIN. Eh! non.

MME JOURDAIN, *bas, à* M. JOURDAIN. Cet homme-là fait de vous une vache à lait.

M. JOURDAIN, *bas, à* MADAME JOURDAIN. Taisez-vous.

DOR. Si cela vous incommode, j'en irai chercher ailleurs.

M. JOURDAIN. Non, monsieur.

MME JOURDAIN, *bas, à* M. JOURDAIN. Il ne sera pas content qu'il ne vous ait ruiné.

M. JOURDAIN, *bas, à* MADAME JOURDAIN. Taisez-vous, vous dis-je.

DOR. Vous n'avez qu'à me dire si cela vous embarrasse.

M. JOURDAIN. Point, monsieur.

MME JOURDAIN, *bas, à* M. JOURDAIN. C'est un vrai enjôleur.

M. JOURDAIN, *bas, à* MADAME JOURDAIN. Taisez-vous donc.

MME JOURDAIN, *bas, à* M. JOURDAIN. Il vous sucera jusqu'au dernier sou.

M. JOURDAIN, *bas, à* MADAME JOURDAIN. Vous tairez-vous?

DOR. J'ai force gens qui m'en prêteraient avec joie; mais, comme vous êtes mon meilleur ami, j'ai cru que je vous ferais tort si j'en demandais à quelque autre.

M. JOURDAIN. C'est trop d'honneur, monsieur, que vous me faites. Je vais quérir votre affaire.

MME JOURDAIN, *bas, à* M. JOURDAIN. Quoi! vous allez encore lui donner cela?

M. JOURDAIN, *bas, à* MADAME JOURDAIN. Que faire? Voulez-vous que je refuse un homme de cette condition-là, qui a parlé de moi ce matin dans la chambre du roi?

MME JOURDAIN, *bas, à* M. JOURDAIN. Allez, vous êtes une vraie dupe.

SCÈNE V.

DORANTE, MADAME JOURDAIN, NICOLE.

DORANTE. Vous me semblez toute mélancolique. Qu'avez-vous, madame Jourdain?

MADAME JOURDAIN. J'ai la tête plus grosse que le poing, et si elle n'est pas enflée.

DOR. Mademoiselle votre fille, où est-elle, que je ne la vois point?

MME JOURDAIN. Mademoiselle ma fille est bien où elle est.

DOR. Comment se porte-t-elle?

MME JOURDAIN. Elle se porte sur ses deux jambes.

DOR. Ne voulez-vous point, un de ces jours, venir voir avec elle le ballet et la comédie que l'on fait chez le roi?

MME JOURDAIN. Oui, vraiment! nous avons fort envie de rire, fort envie de rire nous avons.

DOR. Je pense, madame Jourdain, que vous avez eu bien des amants dans votre jeune âge, belle et d'agréable humeur comme vous étiez.

MME JOURDAIN. Tredame! monsieur, est-ce que madame Jourdain est décrépite, et la tête lui grouille-t-elle déjà?

DOR. Ah! ma foi, madame Jourdain, je vous demande pardon! Je ne songeais pas que vous êtes jeune; et je rêve le plus souvent. Je vous prie d'excuser mon impertinence.

SCÈNE VI.

MONSIEUR JOURDAIN, MADAME JOURDAIN, DORANTE, NICOLE.

MONSIEUR JOURDAIN, *à* DORANTE. Voilà deux cents louis bien comptés.

DORANTE. Je vous assure, monsieur Jourdain, que je suis tout à vous, et que je brûle de vous rendre un service à la cour.

M. JOURDAIN. Je vous suis trop obligé.

DOR. Si madame Jourdain veut voir le divertissement royal, je lui ferai donner les meilleures places de la salle.

MADAME JOURDAIN. Madame Jourdain vous baise les mains.

DOR., *bas, à* M. JOURDAIN. Notre belle marquise, comme je vous ai mandé par mon billet, viendra tantôt ici pour le ballet et le repas; et je l'ai fait consentir enfin au cadeau que vous lui voulez donner.

M. JOURDAIN. Tirons-nous un peu plus loin, pour cause.

DOR. Il y a huit jours que je ne vous ai vu, et je ne vous ai point mandé de nouvelles du diamant que vous me mîtes entre les mains pour lui en faire présent de votre part; mais c'est que j'ai eu toutes les peines du monde à vaincre son scrupule; et ce n'est que d'aujourd'hui qu'elle s'est résolue à l'accepter.

M. JOURDAIN. Comment l'a-t-elle trouvé?

DOR. Merveilleux; et je me trompe fort, cu la beauté de ce diamant fera pour vous sur son esprit un effet admirable.

M. JOURDAIN. Plût au ciel!

MME JOURDAIN, *à* NICOLE. Quand il est une fois avec lui, il ne peut le quitter.

DOR. Je lui ai fait valoir comme il faut la richesse de ce présent, et la grandeur de votre amour.

M. JOURDAIN. Ce sont, monsieur, des bontés qui m'accablent; et je suis dans une confusion la plus grande du monde, de voir une personne de votre qualité s'abaisser pour moi à ce que vous faites.

DOR. Vous moquez-vous? Est-ce qu'entre amis on s'arrête à ces sortes de scrupules? et ne feriez-vous pas pour moi la même chose, si l'occasion s'en offrait?

M. JOURDAIN. Oh! assurément, et de très-grand cœur!

MME JOURDAIN, *à* NICOLE. Que sa présence me pèse sur les épaules!

DOR. Pour moi, je ne regarde rien, quand il faut servir un ami; et, lorsque vous me fîtes confidence de l'ardeur que vous aviez prise pour cette marquise agréable, chez qui j'avais commerce, vous vîtes que d'abord je m'offris de moi-même à servir votre amour.

M. JOURDAIN. Il est vrai. Ce sont des bontés qui me confondent.

MME JOURDAIN, *à* NICOLE. Est-ce qu'il ne s'en ira point?

NICOLE. Ils se trouvent bien ensemble.

DOR. Vous avez pris le bon biais pour toucher son cœur. Les femmes aiment surtout les dépenses qu'on fait pour elles; et vos fréquentes sérénades, et vos bouquets continuels, ce superbe feu d'artifice qu'elle trouva sur l'eau, le diamant qu'elle a reçu de votre part, et le cadeau que vous lui préparez, tout cela lui parle bien mieux en faveur de votre amour que toutes les paroles que vous auriez pu lui dire vous-même.

M. JOURDAIN. Il n'y a point de dépenses que je ne fisse, si par là je pouvais trouver le chemin de son cœur. Une femme de qualité a pour moi des charmes ravissants; et c'est un honneur que j'achèterais au prix de toutes choses.

MME JOURDAIN, *bas, à* NICOLE. Que peuvent-ils tant dire ensemble? Va-t'en un peu tout doucement prêter l'oreille.

DOR. Ce sera tantôt que vous jouirez à votre aise du plaisir de sa vue, et vos yeux auront tout le temps de se satisfaire.

M. JOURDAIN. Pour être en pleine liberté, j'ai fait en sorte que ma femme ira dîner chez ma sœur, où elle passera toute l'après-dînée.

DOR. Vous avez fait prudemment, et votre femme aurait pu nous embarrasser. J'ai donné pour vous l'ordre qu'il faut au cuisinier, et à toutes les choses qui sont nécessaires pour le ballet. Il est de mon invention; et pourvu que l'exécution puisse répondre à l'idée, je suis sûr qu'il sera trouvé...

M. JOURDAIN, *s'apercevant que* NICOLE *écoute, et lui donnant un soufflet.* Ouais! vous êtes bien impertinente. (*À* DORANTE.) Sortons, s'il vous plaît.

SCÈNE VII.

MADAME JOURDAIN, NICOLE.

NICOLE. Ma foi, madame, la curiosité m'a coûté quelque chose: mais je crois qu'il y a quelque anguille sous roche; et ils parlent de quelque affaire où ils ne veulent pas que vous soyez.

MADAME JOURDAIN. Ce n'est pas d'aujourd'hui, Nicole,

que j'ai conçu des soupçons de mon mari. Je suis la plus trompée du monde, ou il y a quelque amour en campagne; et je travaille à découvrir ce que ce peut être. Mais songeons à ma fille. Tu sais l'amour que Cléonte a pour elle: c'est un homme qui me revient; et je veux aider sa recherche, et lui donner Lucile, si je puis.

NI. En vérité, madame, je suis la plus ravie du monde de vous voir dans ces sentiments; car, si le maître vous revient, le valet ne me revient pas moins, et je souhaiterais que notre mariage se pût faire à l'ombre du leur.

MME JOURDAIN. Va-t'en lui parler de ma part, et lui dire que tout à l'heure il me vienne trouver, pour faire ensemble à mon mari la demande de ma fille.

NI. J'y cours, madame, avec joie, et je ne pouvais recevoir une commission plus agréable. (*Seule.*) Je vais, je pense, bien réjouir les gens.

SCÈNE VIII.

CLÉONTE, COVIELLE, NICOLE.

NICOLE, *à* CLÉONTE. Ah! vous voilà tout à propos. Je suis une ambassadrice de joie, et je viens...

CLÉONTE. Retire-toi, perfide, et ne me viens point amuser avec tes traîtresses paroles.

NI. Est-ce ainsi que vous recevez...

CL. Retire-toi, te dis-je, et va-t'en dire de ce pas à ton infidèle maîtresse qu'elle n'abusera de sa vie le trop simple Cléonte.

NI. Quel vertigo est-ce donc là? Mon pauvre Covielle, dis-moi un peu ce que cela veut dire?

COVIELLE. Ton pauvre Covielle, petite scélérate! Allons, vite, ôte-toi de mes yeux, vilaine, et me laisse en repos.

NI. Quoi! tu me viens aussi...

CO. Ôte-toi de mes yeux, te dis-je, et ne me parle de ta vie.

NI., *à part.* Ouais! Quelle mouche les a piqués tous deux? Allons de cette belle histoire informer ma maîtresse.

SCÈNE IX.

CLÉONTE, COVIELLE.

CLÉONTE. Quoi! traiter un amant de la sorte, et un amant le plus fidèle et le plus passionné de tous les amants!

COVIELLE. C'est une chose épouvantable, que ce qu'on nous fait à tous deux.

CL. Je fais voir pour une personne toute l'ardeur et toute la tendresse qu'on peut imaginer; je n'aime rien au monde qu'elle, et je n'ai qu'elle dans l'esprit; elle fait tous mes soins, tous mes désirs, toute ma joie; je ne parle que d'elle, je ne pense qu'à elle, je ne fais des songes que d'elle, je ne respire que par elle, mon cœur vit tout en elle; et voilà de tant d'amitié la digne récompense! Je suis deux jours sans la voir, qui sont pour moi deux siècles effroyables; je la rencontre par hasard; mon cœur, à cette vue, se sent tout transporté, ma joie éclate sur mon visage, je vole avec ravissement vers elle; et l'infidèle détourne de moi ses regards, et passe brusquement, comme si de sa vie elle ne m'avait vu!

CO. Je dis les mêmes choses que vous.

CL. Peut-on rien voir d'égal, Covielle, à cette perfidie de l'ingrate Lucile?

CO. Et à celle, monsieur, de la pendarde de Nicole?

CL. Après tant de sacrifices ardents, de soupirs et de vœux que j'ai faits à ses charmes!

CO. Après tant d'assidus hommages, de soins et de services que je lui ai rendus dans sa cuisine!

CL. Tant de larmes que j'ai versées à ses genoux!

CO. Tant de seaux d'eau que j'ai tirés au puits pour elle!

CL. Tant d'ardeur que j'ai fait paraître à la chérir plus que moi-même!

CO. Tant de chaleur que j'ai soufferte à tourner la broche à sa place!

CL. Elle me fuit avec mépris!

CO. Elle me tourne le dos avec effronterie!

CL. C'est une perfidie digne des plus grands châtiments.

Co. C'est une trahison à mériter mille soufflets.

Cl. Ne t'avise point, je te prie, de me parler jamais pour elle.

Co. Moi, monsieur, Dieu m'en garde!

Cl. Ne viens point m'excuser l'action de cette infidèle.

Co. N'ayez pas peur.

Cl. Non, vois-tu, tous tes discours pour la défendre ne serviront de rien.

Co. Qui songe à cela?

Cl. Je veux contre elle conserver mon ressentiment, et rompre ensemble tout commerce.

Co. J'y consens.

Cl. Ce monsieur le comte qui va chez elle lui donne peut-être dans la vue; et son esprit, je le vois bien, se laisse éblouir à la qualité. Mais il me faut, pour mon honneur, prévenir l'éclat de son inconstance. Je veux faire autant de pas qu'elle au changement où je la vois courir, et ne lui laisser pas toute la gloire de me quitter.

Co. C'est fort bien dit, et j'entre pour mon compte dans tous vos sentiments.

Cl. Donne la main à mon dépit, et soutiens ma résolution contre tous les restes d'amour qui me pourraient parler pour elle. Dis-m'en, je t'en conjure, tout le mal que tu pourras. Fais-moi de sa personne une peinture qui me la rende méprisable; et marque-moi bien, pour m'en dégoûter, tous les défauts que tu peux voir en elle.

Co. Elle, monsieur? voilà une belle mijaurée, une pimpesouée bien bâtie, pour vous donner tant d'amour! Je ne lui vois rien que de très-médiocre; et vous trouverez cent personnes qui seront plus dignes de vous. Premièrement, elle a les yeux petits.

Cl. Cela est vrai, elle a les yeux petits; mais elle les a pleins de feu, les plus brillants, les plus perçants du monde, les plus touchants qu'on puisse voir.

Co. Elle a la bouche grande.

Cl. Oui: mais on y voit des grâces qu'on ne voit point aux autres bouches; et cette bouche, en la voyant, inspire des désirs, est la plus attrayante, la plus amoureuse du monde.

Co. Pour sa taille, elle n'est pas grande.

Cl. Non; mais elle est aisée et bien prise.

Co. Elle affecte une nonchalance dans son parler et dans ses actions.

Cl. Il est vrai; mais elle a grâce à tout cela; et ses manières sont engageantes, ont je ne sais quel charme à s'insinuer dans les cœurs.

Co. Pour de l'esprit...

Cl. Ah! elle en a, Covielle, du plus fin, du plus délicat.

Co. Sa conversation...

Cl. Sa conversation est charmante.

Co. Elle est toujours sérieuse.

Cl. Veux-tu de ces enjouements épanouis, de ces joies toujours ouvertes? et vois-tu rien de plus impertinent que des femmes qui rient à tout propos?

Co. Mais enfin, elle est capricieuse autant que personne du monde.

Cl. Oui, elle est capricieuse, j'en demeure d'accord; mais tout sied bien aux belles; on souffre tout des belles.

Co. Puisque cela va comme cela, je vois bien que vous avez envie de l'aimer toujours.

Cl. Moi? j'aimerais mieux mourir: et je vais la haïr autant que je l'ai aimée.

Co. Le moyen, si vous la trouvez si parfaite?

Cl. C'est en quoi ma vengeance sera plus éclatante, en quoi je veux faire mieux voir la force de mon cœur à la haïr, à la quitter, toute belle, toute pleine d'attraits, tout aimable que je la trouve. La voici.

SCÈNE X.

LUCILE, CLÉONTE, COVIELLE, NICOLE.

Nicole, *à* Lucile. Pour moi, j'en ai été toute scandalisée.

Lucile. Ce ne peut être, Nicole, que ce que je te dis. Mais le voilà.

Cléonte, *à* Covielle. Je ne veux pas seulement lui parler.

COVIELLE. Je veux vous imiter.

LU. Qu'est-ce donc, Cléonte? qu'avez-vous?

NI. Qu'as-tu donc, Covielle?

LU. Quel chagrin vous possède?

NI. Quelle mauvaise humeur te tient?

LU. Êtes-vous muet, Cléonte?

NI. As-tu perdu la parole, Covielle?

CL. Que voilà qui est scélérat!

CO. Que cela est Judas!

LU. Je vois bien que la rencontre de tantôt a troublé votre esprit.

CL., *à* COVIELLE. Ah! ah! On voit ce qu'on a fait.

NI. Notre accueil de ce matin t'a fait prendre la chèvre.

CO., *à* CLÉONTE. On a deviné l'enclouure.

LU. N'est-il pas vrai, Cléonte, que c'est là le sujet de votre dépit?

CL. Oui, perfide, ce l'est, puisqu'il faut parler; et j'ai à vous dire que vous ne triompherez pas, comme vous pensez, de votre infidélité; que je veux être le premier à rompre avec vous, et que vous n'aurez pas l'avantage de me chasser. J'aurai de la peine, sans doute, à vaincre l'amour que j'ai pour vous; cela me causera des chagrins; je souffrirai un temps; mais j'en viendrai à bout, et je me percerai plutôt le cœur, que d'avoir la faiblesse de retourner à vous.

CO., *à* NICOLE. Queussi, queumi.

LU. Voilà bien du bruit pour un rien! Je veux vous dire, Cléonte, le sujet qui m'a fait ce matin éviter votre abord.

CL., *voulant s'en aller pour éviter* LUCILE. Non, je ne veux rien écouter.

NI., *à* COVIELLE. Je te veux apprendre la cause qui nous a fait passer si vite.

CO., *voulant aussi s'en aller pour éviter* NICOLE. Je ne veux rien entendre.

LU., *suivant* CLÉONTE. Sachez que ce matin...

CL., *marchant toujours sans regarder* LUCILE. Non, vous dis-je.

NI., *suivant* COVIELLE. Apprends que...

CO., *marchant aussi sans regarder* NICOLE. Non, traîtresse!

LU. Écoutez.

CL. Point d'affaire.

NI. Laisse-moi dire.

CO. Je suis sourd.

LU. Cléonte!

CL. Non.

NI. Covielle!

CO. Point.

LU. Arrêtez.

CL. Chansons.

NI. Entends-moi.

CO. Bagatelle.

LU. Un moment.

CL. Point du tout.

NI. Un peu de patience.

CO. Tarare.

LU. Deux paroles.

CL. Non: c'en est fait.

NI. Un mot.

CO. Plus de commerce.

LU., *s'arrêtant.* Eh bien! puisque vous ne voulez pas m'écouter, demeurez dans votre pensée, et faites ce qu'il vous plaira.

NI., *s'arrêtant aussi.* Puisque tu fais comme cela, prends-le tout comme tu voudras.

CL., *se tournant vers* LUCILE. Sachons donc le sujet d'un si bel accueil.

LU., *s'en allant à son tour pour éviter* CLÉONTE. Il ne me plaît plus de le dire.

CO., *se tournant vers* NICOLE. Apprends-nous un peu cette histoire.

NI., *s'en allant aussi pour éviter* COVIELLE. Je ne veux plus, moi, te l'apprendre.

CL., *suivant* LUCILE. Dites-moi...

LU., *marchant toujours sans regarder* CLÉONTE. Non, je ne veux rien dire.

CO., *suivant* NICOLE. Conte-moi...

NI., *marchant aussi sans regarder* COVIELLE. Non, je ne conte rien.

CL. De grâce!

LU. Non, vous dis-je.
CO. Par charité!
NI. Point d'affaire.
CL. Je vous en prie.
LU. Laissez-moi.
CO. Je t'en conjure.
NI. Ôte-toi de là.
CL. Lucile!
LU. Non.
CO. Nicole!
NI. Point.
CL. Au nom des dieux!
LU. Je ne veux pas.
CO. Parle-moi.
NI. Point du tout
CL. Éclaircissez mes doutes.
LU. Non: je n'en ferai rien.
CO. Guéris-moi l'esprit.
NI. Non: il ne me plaît pas.

CL. Eh bien! puisque vous vous souciez si peu de me tirer de peine, et de vous justifier du traitement indigne que vous avez fait à ma flamme, vous me voyez, ingrate, pour la dernière fois; et je vais, loin de vous, mourir de douleur et d'amour.

CO., *à* NICOLE. Et moi, je vais suivre ses pas.
LU., *à* CLÉONTE, *qui veut sortir.* Cléonte!
NI., *à* COVIELLE, *qui suit son maître.* Covielle!
CL., *s'arrêtant.* Hé?
CO., *s'arrêtant aussi.* Plaît-il?
LU. Où allez-vous?
CL. Où je vous ai dit.
CO. Nous allons mourir.
LU. Vous allez mourir, Cléonte?
CL. Oui, cruelle, puisque vous le voulez.
LU. Moi! je veux que vous mouriez?
CL. Oui, vous le voulez.
LU. Qui vous le dit?

CL., *s'approchant de* LUCILE. N'est-ce pas le vouloir, que de ne vouloir pas éclaircir mes soupçons.

LU. Est-ce ma faute? et, si vous aviez voulu m'écouter

ne vous aurais-je pas dit que l'aventure dont vous vous plaignez a été causée ce matin par la présence d'une vieille tante, qui veut à toute force que la seule approche d'un homme déshonore une fille, qui perpétuellement nous sermonne sur ce chapitre, et nous figure tous les hommes comme des diables qu'il faut fuir?

NI., *à* COVIELLE. Voilà le secret de l'affaire.

CL. Ne me trompez-vous point, Lucile?

CO., *à* NICOLE. Ne m'en donnes-tu point à garder?

LU., *à* CLÉONTE. Il n'est rien de plus vrai.

NI., *à* COVIELLE. C'est la chose comme elle est.

CO., *à* CLÉONTE. Nous rendrons-nous à cela?

CL. Ah! Lucile, qu'avec un mot de votre bouche, vous savez apaiser de choses dans mon cœur; et que facilement on se laisse persuader aux personnes qu'on aime!

CO. Qu'on est aisément amadoué par ces diantres d'animaux-là!

SCÈNE XI.

MADAME JOURDAIN, CLÉONTE, LUCILE, COVIELLE, NICOLE.

MADAME JOURDAIN. Je suis bien aise de vous voir, Cléonte, et vous voilà tout à propos. Mon mari vient: prenez vite votre temps pour lui demander Lucile en mariage.

CLÉONTE. Ah! madame, que cette parole m'est douce, et qu'elle flatte mes désirs! Pouvais-je recevoir un ordre plus charmant, une faveur plus précieuse?

SCÈNE XII.

CLÉONTE, MONSIEUR JOURDAIN, MADAME JOURDAIN, LUCILE, COVIELLE, NICOLE.

CLÉONTE. Monsieur, je n'ai voulu prendre personne pour vous faire une demande que je médite il y a longtemps. Elle me touche assez pour m'en charger moi-même; et, sans autre détour, je vous dirai que l'honneur d'être votre gendre est une faveur glorieuse que je vous prie de m'accorder.

MONSIEUR JOURDAIN. Avant que de vous rendre réponse, monsieur, je vous prie de me dire si vous êtes gentilhomme.

CL. Monsieur, la plupart des gens, sur cette question, n'hésitent pas beaucoup. On tranche le mot aisément. Ce nom ne fait aucun scrupule à prendre, et l'usage aujourd'hui semble en autoriser le vol. Pour moi, je vous l'avoue, j'ai les sentiments sur cette matière un peu plus délicats. Je trouve que toute imposture est indigne d'un honnête homme, et qu'il y a de la lâcheté à déguiser ce que le ciel nous a fait naître, à se parer aux yeux du monde d'un titre dérobé, à se vouloir donner pour ce qu'on n'est pas. Je suis né de parents, sans doute, qui ont tenu des charges honorables ; je me suis acquis, dans les armes, l'honneur de six ans de service, et je me trouve assez de bien pour tenir dans le monde un rang assez passable : mais, avec tout cela, je ne veux point me donner un nom où d'autres, en ma place, croiraient pouvoir prétendre ; et je vous dirai franchement que je ne suis point gentilhomme.

M. JOURDAIN. Touchez là, monsieur : ma fille n'est pas pour vous.

CL. Comment ?

M. JOURDAIN. Vous n'êtes point gentilhomme : vous n'aurez pas ma fille.

MADAME JOURDAIN. Que voulez-vous donc dire avec votre gentilhomme ? Est-ce que nous sommes, nous autres, de la côte de saint Louis ?

M. JOURDAIN. Taisez-vous, ma femme: je vous vois venir.

MME JOURDAIN. Descendons-nous tous deux que de bonne bourgeoisie?

M. JOURDAIN. Voilà pas le coup de langue ?

MME JOURDAIN. Et votre père n'était-il pas marchand aussi bien que le mien ?

M. JOURDAIN. Peste soit de la femme ! Elle n'y a jamais manqué. Si votre père a été marchand, tant pis pour lui ; mais, pour le mien, ce sont des malavisés qui disent cela. Tout ce que j'ai à vous dire, moi, c'est que je veux avoir un gendre gentilhomme.

MME JOURDAIN. Il faut à votre fille un mari qui lui soit propre; et il vaut mieux, pour elle, un honnête homme riche et bien fait, qu'un gentilhomme gueux et mal bâti.

NICOLE. Cela est vrai. Nous avons le fils du gentilhomme de notre village, qui est le plus grand malitorne et le plus sot dadais que j'aie jamais vu.

M. JOURDAIN, *à* NICOLE. Taisez-vous, impertinente. Vous vous fourrez toujours dans la conversation. J'ai du bien assez pour ma fille; je n'ai besoin que d'honneurs, et je la veux faire marquise.

MME JOURDAIN. Marquise?

M. JOURDAIN. Oui, marquise.

MME JOURDAIN. Hélas! Dieu m'en garde!

M. JOURDAIN. C'est une chose que j'ai résolue.

MME JOURDAIN. C'est une chose, moi, où je ne consentirai point. Les alliances avec plus grand que soi sont sujettes toujours à de fâcheux inconvénients. Je ne veux point qu'un gendre puisse à ma fille reprocher ses parents, et qu'elle ait des enfants qui aient honte de m'appeler leur grand'maman. S'il fallait qu'elle me vînt visiter en équipage de grand'dame, et qu'elle manquât, par mégarde, à saluer quelqu'un du quartier, on ne manquerait pas aussitôt de dire cent sottises. "Voyez-vous, dirait-on, cette madame la marquise qui fait tant la glorieuse? C'est la fille de monsieur Jourdain, qui était trop heureuse, étant petite, de jouer à la madame avec nous. Elle n'a pas toujours été si relevée que la voilà; et ses deux grands-pères vendaient du drap auprès de la porte Saint-Innocent. Ils ont amassé du bien à leurs enfants, qu'ils payent maintenant peut-être bien cher en l'autre monde; et l'on ne devient guère si riche à être honnêtes gens." Je ne veux point de tous ces caquets, et je veux un homme, en un mot, qui m'ait obligation de ma fille, et à qui je puisse dire: "Mettez-vous là, mon gendre, et dînez avec moi."

M. JOURDAIN. Voilà bien les sentiments d'un petit esprit, de vouloir demeurer toujours dans la bassesse. Ne me répliquez pas davantage: ma fille sera marquise, en dépit de tout le monde; et, si vous me mettez en colère, je la ferai duchesse.

SCÈNE XIII.

MADAME JOURDAIN, LUCILE, CLÉONTE, NICOLE, COVIELLE.

MADAME JOURDAIN. Cléonte, ne perdez point courage encore. (*À* LUCILE.) Suivez-moi, ma fille ; et venez dire résolûment à votre père que, si vous ne l'avez, vous ne voulez épouser personne.

SCÈNE XIV.

CLÉONTE, COVIELLE.

COVIELLE. Vous avez fait de belles affaires avec vos beaux sentiments !

CLÉONTE. Que veux-tu ? J'ai un scrupule là-dessus que l'exemple ne saurait vaincre.

CO. Vous moquez-vous, de le prendre sérieusement avec un homme comme cela ? Ne voyez-vous pas qu'il est fou ? et vous coûtait-il quelque chose de vous accommoder à ses chimères ?

CL. Tu as raison ; mais je ne croyais pas qu'il fallût faire ses preuves de noblesse pour être gendre de monsieur Jourdain.

CO., *riant.* Ah ! ah ! ah !

CL. De quoi ris-tu ?

CO. D'une pensée qui me vient pour jouer notre homme, et vous faire obtenir ce que vous souhaitez.

CL. Comment ?

CO. L'idée est tout à fait plaisante.

CL. Quoi donc ?

CO. Il s'est fait depuis peu une certaine mascarade qui vient le mieux du monde ici, et que je prétends faire entrer dans une bourle que je veux faire à notre ridicule. Tout cela sent un peu la comédie ; mais, avec lui, on peut hasarder toute chose, il n'y faut point chercher tant de façons, et il est homme à y jouer son rôle à merveille, à donner aisément dans toutes les fariboles qu'on s'avisera de lui dire. J'ai les acteurs, j'ai les habits tout prêts; laissez-moi faire seulement.

CL. Mais apprends-moi...

CO. Je vais vous instruire de tout. Retirons-nous ; le voilà qui revient

SCÈNE XV.

MONSIEUR JOURDAIN, seul.

Que diable est-ce là? Ils n'ont rien que les grands seigneurs à me reprocher; et moi, je ne vois rien de si beau que de hanter les grands seigneurs; il n'y a qu'honneur et que civilité avec eux; et je voudrais qu'il m'eût coûté deux doigts de la main, et être né comte ou marquis.

SCÈNE XVI.

MONSIEUR JOURDAIN, UN LAQUAIS.

LE LAQUAIS. Monsieur, voici monsieur le comte, et une dame qu'il mène par la main.

MONSIEUR JOURDAIN. Hé! mon Dieu! j'ai quelques ordres à donner. Dis-leur que je vais venir ici tout à l'heure.

SCÈNE XVII.

DORIMÈNE, DORANTE, UN LAQUAIS.

LE LAQUAIS. Monsieur dit comme cela qu'il va venir ici tout à l'heure.

DORANTE. Voilà qui est bien.

SCÈNE XVIII.

DORIMÈNE, DORANTE.

DORIMÈNE. Je ne sais pas, Dorante; je fais encore ici une étrange démarche, de me laisser amener par vous dans une maison où je ne connais personne.

DORANTE. Quel lieu voulez-vous donc, madame, que mon amour choisisse pour vous régaler, puisque, pour fuir l'éclat, vous ne voulez ni votre maison, ni la mienne?

DORI. Mais vous ne dites pas que je m'engage insensiblement chaque jour à recevoir de trop grands témoignages de votre passion. J'ai beau me défendre des choses, vous fatiguez ma résistance, et vous avez une civile opiniâtreté qui me fait venir doucement à tout ce qu'il vous plaît. Les visites fréquentes ont commencé, les déclarations sont venues ensuite, qui, après elles, ont traîné les sérénades et les cadeaux, que les présents ont suivis. Je me suis opposée à tout cela; mais vous ne vous rebutez point, et, pied à pied, vous gagnez mes résolutions. Pour moi, je ne puis plus répondre de rien; et je crois qu'à la fin vous me ferez venir au mariage, dont je me suis tant éloignée.

DOR. Ma foi, madame, vous y devriez déjà être. Vous êtes veuve, et ne dépendez que de vous; je suis maître de moi, et vous aime plus que ma vie: à quoi tient-il que, dès aujourd'hui, vous ne fassiez tout mon bonheur?

DORI. Mon Dieu, Dorante, il faut des deux parts bien des qualités pour vivre heureusement ensemble; et les deux plus raisonnables personnes du monde ont souvent peine à composer une union dont ils soient satisfaits.

DOR. Vous vous moquez, madame, de vous y figurer tant de difficultés; et l'expérience que vous avez faite ne conclut rien pour tous les autres.

DORI. Enfin, j'en reviens toujours là. Les dépenses que je vous vois faire pour moi m'inquiètent par deux raisons: l'une, qu'elles m'engagent plus que je ne voudrais; et l'autre, que je suis sûre, sans vous déplaire, que vous ne les faites point que vous ne vous incommodiez; et je ne veux point cela.

DOR. Ah! madame, ce sont des bagatelles, et ce n'est pas par là...

DORI. Je sais ce que je dis; et, entre autres, le diamant que vous m'avez forcée à prendre est d'un prix...

DOR. Hé! madame, de grâce, ne faites point tant valoir une chose que mon amour trouve indigne de vous; et souffrez...Voici le maître du logis.

SCÈNE XIX.

MONSIEUR JOURDAIN, DORIMÈNE, DORANTE.

MONSIEUR JOURDAIN, *après avoir fait deux révérences, se trouvant trop près de* DORIMÈNE. Un peu plus loin, madame.

DORIMÈNE. Comment?

M. JOURDAIN. Un pas, s'il vous plaît.

DORI. Quoi donc?

M. JOURDAIN. Reculez un peu pour la troisième.

DORANTE. Madame, monsieur Jourdain sait son monde.

M. JOURDAIN. Madame, ce m'est une gloire bien grande, de me voir assez fortuné, pour être si heureux, que d'avoir le bonheur, que vous ayez eu la bonté de m'accorder la grâce, de me faire l'honneur de m'honorer de la faveur de votre présence; et, si j'avais aussi le mérite pour mériter un mérite comme le vôtre, et que le ciel...envieux de mon bien...m'eût accordé...l'avantage de me voir digne...des...

DOR. Monsieur Jourdain, en voilà assez. Madame n'aime pas les grands compliments, et elle sait que vous êtes homme d'esprit. (*Bas, à* DORIMÈNE.) C'est un bon bourgeois assez ridicule, comme vous voyez, dans toutes ses manières.

DORI., *bas, à* DORANTE. Il n'est pas malaisé de s'en apercevoir.

DOR. Madame, voilà le meilleur de mes amis.

M. JOURDAIN. C'est trop d'honneur que vous me faites.

DOR. Galant homme tout à fait.

DORI. J'ai beaucoup d'estime pour lui.

M. JOURDAIN. Je n'ai rien fait encore, madame, pour mériter cette grâce.

DOR., *bas, à* M. JOURDAIN. Prenez bien garde, au moins, à ne lui point parler du diamant que vous lui avez donné.

M. JOURDAIN, *bas, à* DORANTE. Ne pourrais-je pas seulement lui demander comment elle le trouve?

DOR., *bas, à* M. JOURDAIN. Comment? Gardez-vous-en bien! Cela serait vilain à vous; et, pour agir en galant homme, il faut que vous fassiez comme si ce n'était pas vous qui lui eussiez fait ce présent. (*Haut.*) Monsieur Jourdain, madame, dit qu'il est ravi de vous voir chez lui.

DORI. Il m'honore beaucoup.

M. JOURDAIN, *bas, à* DORANTE. Que je vous suis obligé monsieur, de lui parler ainsi pour moi!

DOR., *bas, à* M. JOURDAIN. J'ai eu une peine effroyable à la faire venir ici.

M. JOURDAIN, *bas, à* DORANTE. Je ne sais quelles grâces vous en rendre.

DOR. Il dit, madame, qu'il vous trouve la plus belle personne du monde.

DORI. C'est bien de la grâce qu'il me fait.

M. JOURDAIN. Madame, c'est vous qui faites les grâces, et...

DOR. Songeons à manger.

SCÈNE XX.

MONSIEUR JOURDAIN, DORIMÈNE, DORANTE, UN LAQUAIS.

LE LAQUAIS, *à* M. JOURDAIN. Tout est prêt, monsieur.

DORANTE. Allons donc nous mettre à table; et qu'on fasse venir les musiciens.

SCÈNE XXI.

ENTRÉE DE BALLET. *Six cuisiniers, qui ont préparé le festin, dansent ensemble, et font le troisième intermède; après quoi, ils apportent une table couverte de plusieurs mets.*

ARGUMENT TO THE FOURTH ACT.

While M. Jourdain and his noble guests are enjoying the magnificent banquet, Madame Jourdain suddenly appears and speaks out her mind in blunt language. The Bourgeois, after the departure of his guests and of his wife, is accosted by Covielle, in disguise, who announces to him that the son of the "Grand-Turk" is in love with Lucile and is coming to solicit her hand in marriage. Cléonte now appears, in the Turkish dress, personating the Sultan's son, and promises to invest M. Jourdain with the Turkish dignity of *Mamamouchi*. The Act concludes with the mock ceremony of M. Jourdain's installation. These Scenes, which are exclusively taken up with music and Italian singing, have been removed to the Appendix (A).

ACTE QUATRIÈME.

SCÈNE I.

DORIMÈNE, MONSIEUR JOURDAIN, DORANTE, TROIS MUSICIENS, UN LAQUAIS.

DORIMÈNE. Comment! Dorante, voilà un repas tout à fait magnifique!

MONSIEUR JOURDAIN. Vous vous moquez, madame, et je voudrais qu'il fût plus digne de vous être offert.

[DORIMÈNE, M. JOURDAIN, DORANTE, *et les trois musiciens se mettent à table.*]

DOR. Monsieur Jourdain a raison, madame, de parler de la sorte, et il m'oblige, de vous faire si bien les honneurs de chez lui. Je demeure d'accord avec lui que le repas n'est pas digne de vous. Comme c'est moi qui l'ai ordonné, et que je n'ai pas sur cette matière les lumières de nos amis, vous n'avez pas ici un repas fort savant, et vous y trouverez des incongruités de bonne chère, et des barbarismes de bon goût. Si Damis s'en était mêlé, tout serait dans les règles; il y aurait partout de l'élégance et de l'érudition, et il ne manquerait pas de vous exagérer lui-même toutes les pièces du repas qu'il vous donnerait, et de vous faire tomber d'accord de sa haute capacité dans la science des bons morceaux; de vous parler d'un pain de rive à biseau doré, relevé de croûte partout, croquant tendrement sous la dent; d'un vin à sève veloutée, armé d'un vert qui n'est point trop commandant; d'un carré de mouton gourmandé de persil; d'une longe de veau de rivière, longue comme cela, blanche, délicate, et qui, sous les dents, est une vraie pâte d'amandes; de perdrix relevées d'un fumet surprenant; et pour son opéra, d'une soupe à bouillon perlé soutenue d'un jeune gros dindon cantonné de pigeonneaux, et couronné d'oignons blancs mariés avec la chicorée. Mais, pour moi, je vous avoue mon ignorance; et, comme monsieur Jourdain a fort bien dit, je voudrais que le repas fût plus digne de vous être offert.

DORI. Je ne réponds à ce compliment, qu'en mangeant comme je fais.

M. JOURDAIN. Ah! que voilà de belles mains!

DORI. Les mains sont médiocres, monsieur Jourdain; mais vous voulez parler du diamant, qui est fort beau.

M. JOURDAIN. Moi, madame, Dieu me garde d'en vouloir parler! ce ne serait pas agir en galant homme; et le diamant est fort peu de chose.

DORI. Vous êtes bien dégoûté.

M. JOURDAIN. Vous avez trop de bonté...

DOR., *après avoir fait un signe à* M. JOURDAIN. Allons! qu'on donne du vin à monsieur Jourdain et à ces messieurs qui nous feront la grâce de nous chanter un air à boire.

DORI. C'est merveilleusement assaisonner la bonne chère que d'y mêler la musique, et je me vois ici admirablement régalée.

M. JOURDAIN. Madame, ce n'est pas...

DOR. Monsieur Jourdain, prêtons silence à ces messieurs; ce qu'ils nous diront vaudra mieux que tout ce que nous pourrions dire.

PREMIER ET SECOND MUSICIENS ENSEMBLE,
un verre à la main.

Un petit doigt, Philis, pour commencer le tour:
Ah! qu'un verre en vos mains a d'agréables charmes!
Vous et le vin vous vous prêtez des armes,
Et je sens pour tous deux redoubler mon amour:
Entre lui, vous et moi, jurons, jurons, ma belle,
Une ardeur éternelle.

Qu'en mouillant votre bouche il en reçoit d'attraits!
Et que l'on voit par lui votre bouche embellie!
Ah! l'un de l'autre ils me donnent envie,
Et de vous et de lui je m'enivre à longs traits.
Entre lui, vous et moi, jurons, jurons, ma belle,
Une ardeur éternelle.

SECOND ET TROISIÈME MUSICIENS ENSEMBLE.

Buvons, chers amis, buvons,
Le temps qui fuit nous y convie:
Profitons de la vie
Autant que nous pouvons.

Quand on a passé l'onde noire,
Adieu le bon vin, nos amours.
Dépêchons-nous de boire;
On ne boit pas toujours.

Laissons raisonner les sots
Sur le vrai bonheur de la vie;
Notre philosophie
Le met parmi les pots.

Les biens, le savoir et la gloire,
N'ôtent point les soucis fâcheux;
Et ce n'est qu'à bien boire
Que l'on peut être heureux.

TOUS TROIS ENSEMBLE.

Sus, sus; du vin partout: versez, garçon, versez,
Versez, versez toujours, tant qu'on vous dise: Assez.

DORI. Je ne crois pas qu'on puisse mieux chanter; et cela est tout à fait beau.

M. JOURDAIN. Je vois encore ici, madame, quelque chose de plus beau.

DORI. Ouais! monsieur Jourdain est galant plus que je ne pensais.

DOR. Comment, madame, pour qui prenez-vous monsieur Jourdain?

M. JOURDAIN. Je voudrais bien qu'elle me prît pour ce que je dirais.

DORI. Encore?

DOR., *à* DORIMÈNE. Vous ne le connaissez pas.

M. JOURDAIN. Elle me connaîtra quand il lui plaira.

DORI. Oh! je le quitte.

DOR. Il est homme qui a toujours la riposte en main. Mais vous ne voyez pas que monsieur Jourdain, madame, mange tous les morceaux que vous touchez.

DORI. Monsieur Jourdain est un homme qui me ravit.

M. JOURDAIN. Si je pouvais ravir votre cœur, je serais...

SCÈNE II.

MADAME JOURDAIN, MONSIEUR JOURDAIN, DORIMÈNE, DORANTE, MUSICIENS, LAQUAIS.

MADAME JOURDAIN. Ah! ah! je trouve ici bonne compagnie, et je vois bien qu'on ne m'y attendait pas. C'est donc pour cette belle affaire-ci, monsieur mon mari, que vous avez eu tant d'empressement à m'envoyer dîner chez ma sœur? Je viens de voir un théâtre là-bas, et je vois ici un banquet à faire noces. Voilà comme vous dépensez votre bien; et c'est ainsi que vous festinez les dames en mon absence, et que vous leur donnez la musique et la comédie, tandis que vous m'envoyez promener.

DORANTE. Que voulez-vous dire, madame Jourdain? et quelles fantaisies sont les vôtres, de vous en aller mettre en tête que votre mari dépense son bien, et que c'est lui qui donne ce régal à madame? Apprenez que c'est moi, je vous prie; qu'il ne fait seulement que me prêter sa maison, et que vous devriez un peu mieux regarder aux choses que vous dites.

MONSIEUR JOURDAIN. Oui, impertinente, c'est monsieur le comte qui donne tout ceci à madame, qui est une personne de qualité. Il me fait l'honneur de prendre ma maison, et de vouloir que je sois avec lui.

MME JOURDAIN. Ce sont des chansons que cela; je sais ce que je sais.

DOR. Prenez, madame Jourdain, prenez de meilleures lunettes.

MME JOURDAIN. Je n'ai que faire de lunettes, monsieur, et je vois assez clair. Il y a longtemps que je sens les choses, et je ne suis pas une bête. Cela est fort vilain à vous, pour un grand seigneur, de prêter la main comme vous faites aux sottises de mon mari. Et vous, madame, pour une grand'dame, cela n'est ni beau, ni honnête à vous, de mettre de la dissension dans un ménage, et de souffrir que mon mari soit amoureux de vous.

DORI. Que veut donc dire tout ceci? Allez, Dorante, vous vous moquez, de m'exposer aux sottes visions de cette extravagante.

DOR., *suivant* DORIMÈNE *qui sort.* Madame, holà! madame, où courez-vous?

M. JOURDAIN. Madame...Monsieur le comte, faites-lui mes excuses, et tâchez de la ramener.

SCÈNE III.

MADAME JOURDAIN, MONSIEUR JOURDAIN, LAQUAIS.

MONSIEUR JOURDAIN. Ah! impertinente que vous êtes, voilà de vos beaux faits! Vous me venez faire des affronts devant tout le monde; et vous chassez de chez moi des personnes de qualité!

MADAME JOURDAIN. Je me moque de leur qualité.

M. JOURDAIN. Je ne sais qui me tient, maudite, que je ne vous fende la tête avec les pièces du repas que vous êtes venue troubler. (*Les laquais emportent la table.*)

MME JOURDAIN, *sortant.* Je me moque de cela. Ce sont mes droits que je défends, et j'aurai pour moi toutes les femmes.

M. JOURDAIN. Vous faites bien d'éviter ma colère.

SCÈNE IV.

MONSIEUR JOURDAIN, seul.

Elle est arrivée là bien malheureusement. J'étais en humeur de dire de jolies choses, et jamais je ne m'étais senti tant d'esprit. Qu'est-ce que c'est que cela?

SCÈNE V.

MONSIEUR JOURDAIN, COVIELLE, déguisé.

COVIELLE. Monsieur, je ne sais pas si j'ai l'honneur d'être connu de vous.

MONSIEUR JOURDAIN. Non, monsieur.

CO., *étendant la main à un pied de terre.* Je vous ai vu que vous n'étiez pas plus grand que cela.

M. JOURDAIN. Moi?

Co. Oui. Vous étiez le plus bel enfant du monde, et toutes les dames vous prenaient dans leurs bras pour vous baiser.

M. Jourdain. Pour me baiser?

Co. Oui. J'étais grand ami de feu monsieur votre père.

M. Jourdain. De feu monsieur mon père?

Co. Oui. C'était un fort honnête gentilhomme.

M. Jourdain. Comment dites-vous?

Co. Je dis que c'était un fort honnête gentilhomme.

M. Jourdain. Mon père?

Co. Oui.

M. Jourdain. Vous l'avez fort connu?

Co. Assurément.

M. Jourdain. Et vous l'avez connu pour gentilhomme?

Co. Sans doute.

M. Jourdain. Je ne sais donc pas comment le monde est fait!

Co. Comment?

M. Jourdain. Il y a de sottes gens qui me veulent dire qu'il a été marchand.

Co. Lui, marchand? C'est pure médisance, il ne l'a jamais été. Tout ce qu'il faisait, c'est qu'il était fort obligeant, fort officieux, et, comme il se connaissait fort bien en étoffes, il en allait choisir de tous les côtés, les faisait apporter chez lui, et en donnait à ses amis pour de l'argent.

M. Jourdain. Je suis ravi de vous connaître, afin que vous rendiez ce témoignage-là, que mon père était gentilhomme.

Co. Je le soutiendrai devant tout le monde.

M. Jourdain. Vous m'obligerez. Quel sujet vous amène?

Co. Depuis avoir connu feu monsieur votre père, honnête gentilhomme, comme je vous ai dit, j'ai voyagé par tout le monde.

M. Jourdain. Par tout le monde?

Co. Oui.

M. Jourdain. Je pense qu'il y a bien loin en ce pays-là.

Co. Assurément. Je ne suis revenu de tous mes longs voyages que depuis quatre jours; et, par l'intérêt que je prends à tout ce qui vous touche, je viens vous annoncer la meilleure nouvelle du monde.

M. JOURDAIN. Quelle?

Co. Vous savez que le fils du Grand-Turc est ici?

M. JOURDAIN. Moi? Non.

Co. Comment! il a un train tout à fait magnifique; tout le monde le va voir, et il a été reçu en ce pays comme un seigneur d'importance.

M. JOURDAIN. Par ma foi, je ne savais pas cela.

Co. Ce qu'il y a d'avantageux pour vous, c'est qu'il est amoureux de votre fille.

M. JOURDAIN. Le fils du Grand-Turc?

Co. Oui; et il veut être votre gendre.

M. JOURDAIN. Mon gendre, le fils du Grand-Turc?

Co. Le fils du Grand-Turc votre gendre. Comme je le fus voir, et que j'entends parfaitement sa langue, il s'entretint avec moi; et, après quelques autres discours, il me dit: "*Acciam croc soler onch alla moustaph gidelum amanahem varahini oussere carbulath,*" c'est-à-dire: "N'as-tu point vu une jeune belle personne, qui est la fille de monsieur Jourdain, gentilhomme parisien?"

M. JOURDAIN. Le fils du Grand-Turc dit cela de moi?

Co. Oui. Comme je lui eus répondu que je vous connaissais particulièrement, et que j'avais vu votre fille: "Ah! me dit-il, *marababa sahem!*" c'est-à-dire: "Ah! que je suis amoureux d'elle!"

M. JOURDAIN. *Marababa sahem*, veut dire: Ah! que je suis amoureux d'elle!

Co. Oui.

M. JOURDAIN. Par ma foi, vous faites bien de me le dire; car, pour moi, je n'aurais jamais cru que *Marababa sahem* eût voulu dire: Ah! que je suis amoureux d'elle! Voilà une langue admirable que ce turc!

Co. Plus admirable qu'on ne peut croire. Savez-vous bien ce que veut dire *cacaracamouchen?*

M. JOURDAIN. *Cacaracamouchen?* Non.

Co. C'est-à-dire: Ma chère âme.

M. JOURDAIN. *Cacaracamouchen* veut dire: Ma chère âme?

Co. Oui.

M. Jourdain. Voilà qui est merveilleux! *Cacaracamouchen:* Ma chère âme. Dirait-on jamais cela? Voilà qui me confond.

Co. Enfin, pour achever mon ambassade, il vient vous demander votre fille en mariage; et, pour avoir un beau-père qui soit digne de lui, il veut vous faire *mamamouchi*, qui est une certaine grande dignité de son pays.

M. Jourdain. *Mamamouchi?*

Co. Oui, *mamamouchi:* c'est-à-dire, en notre langue, paladin. Paladin, ce sont de ces anciens...Paladin, enfin. Il n'y a rien de plus noble que cela dans le monde; et vous irez de pair avec les plus grands seigneurs de la terre.

M. Jourdain. Le fils du Grand-Turc m'honore beaucoup, et je vous prie de me mener chez lui, pour lui en faire mes remerciements.

Co. Comment! le voilà qui va venir ici.

M. Jourdain. Il va venir ici?

Co. Oui; et il amène toutes choses pour la cérémonie de votre dignité.

M. Jourdain. Voilà qui est bien prompt.

Co. Son amour ne peut souffrir aucun retardement.

M. Jourdain. Tout ce qui m'embarrasse ici, c'est que ma fille est une opiniâtre qui s'est allée mettre dans la tête un certain Cléonte, et elle jure de n'épouser personne que celui-là.

Co. Elle changera de sentiment, quand elle verra le fils du Grand-Turc; et puis il se rencontre ici une aventure merveilleuse, c'est que le fils du Grand-Turc ressemble à ce Cléonte, à peu de chose près. Je viens de le voir; on me l'a montré, et l'amour qu'elle a pour l'un, pourra passer aisément à l'autre, et... Je l'entends venir; le voilà.

SCÈNE VI.

CLÉONTE, en Turc; TROIS PAGES, portant la veste de Cléonte; MONSIEUR JOURDAIN, COVIELLE.

Cléonte. *Ambousahim oqui boraf, Jordina, Salamalequi.*

Covielle, *à* M. Jourdain. C'est-à-dire: "Monsieur

Jourdain, votre cœur soit toute l'année comme un rosier fleuri." Ce sont façons de parler obligeantes de ces pays-là.

MONSIEUR JOURDAIN. Je suis très-humble serviteur de son altesse turque.

CO. *Carigar camboto oustin moraf.*

CL. *Oustin yoc catamalequi basum base alla moran.*

CO. Il dit: "Que le ciel vous donne la force des lions, et la prudence des serpents."

M. JOURDAIN. Son altesse turque m'honore trop, et je lui souhaite toutes sortes de prospérités.

CO. *Ossa binamen sadoc baballi oracaf ouram.*

CL. *Bel-men.*

CO. Il dit que vous alliez vite avec lui vous préparer pour la cérémonie, afin de voir ensuite votre fille et de conclure le mariage.

M. JOURDAIN. Tant de choses en deux mots?

CO. Oui. La langue turque est comme cela, elle dit beaucoup en peu de paroles. Allez vite où il souhaite.

SCÈNE VII.

COVIELLE, seul.

Ah! ah! ah! Ma foi, cela est tout à fait drôle. Quelle dupe! Quand il aurait appris son rôle par cœur, il ne pourrait pas le mieux jouer. Ah! ah!

SCÈNE VIII.

DORANTE, COVIELLE.

COVIELLE. Je vous prie, monsieur, de nous vouloir aider céans dans une affaire qui s'y passe.

DORANTE. Ah! ah! Covielle, qui t'aurait reconnu? Comme te voilà ajusté!

CO. Vous voyez. Ah! ah!

DOR. De quoi ris-tu?

CO. D'une chose, monsieur, qui le mérite bien.

DOR. Comment?

CO. Je vous le donnerais en bien des fois, monsieur, à deviner le stratagème dont nous nous servons auprès de monsieur Jourdain, pour porter son esprit à donner sa fille à mon maître.

DOR. Je ne devine point le stratagème ; mais je devine qu'il ne manquera pas de faire son effet, puisque tu l'entreprends.

CO. Je sais, monsieur, que la bête vous est connue.

DOR. Apprends-moi ce que c'est.

CO. Prenez la peine de vous tirer un peu plus loin, pour faire place à ce que j'aperçois venir. Vous pourrez voir une partie de l'histoire, tandis que je vous conterai le reste.

The Act ends in the original play with a burlesque ceremonial for the installation of M. Jourdain in his new dignity ; a mere farce with music and dancing which has been here removed to the Appendix (A).

ARGUMENT TO THE FIFTH ACT.

M. Jourdain appears in his Turkish dress and struts majestically before his wife; Dorante and Dorimène come to congratulate him on his new dignity. Lucile is now sent for to be betrothed to the Prince ; she refuses at first, but, recognising Cléonte under his disguise, she suddenly yields to her father's wishes. Madame Jourdain is, with difficulty, made to understand the trick played on her husband, and also submits. The Comedy ends with the betrothal of Dorante to Dorimène and of Covielle to Nicole, as well as with that of Cléonte to Lucile. Then follows the Ballet which being like that at the end of Act iv. chiefly in Italian and Spanish, has been removed to the Appendix (B).

ACTE CINQUIÈME.

SCÈNE I.

MONSIEUR JOURDAIN, MADAME JOURDAIN.

MADAME JOURDAIN. Ah! mon Dieu, miséricorde! Qu'est-ce que c'est donc que cela? Quelle figure! Est-ce un momon que vous allez porter, et est-il temps d'aller en masque? Parlez donc, qu'est-ce que c'est que ceci? Qui vous a fagoté comme cela?

MONSIEUR JOURDAIN. Voyez l'impertinente, de parler de la sorte à un *mamamouchi.*

MME JOURDAIN. Comment donc?

M. JOURDAIN. Oui, il me faut porter du respect maintenant, et l'on vient de me faire *mamamouchi.*

MME JOURDAIN. Que voulez-vous dire, avec votre *mamamouchi?*

M. JOURDAIN. *Mamamouchi,* vous dis-je. Je suis *mamamouchi.*

MME JOURDAIN. Quelle bête est-ce là?

M. JOURDAIN. *Mamamouchi,* c'est-à-dire en notre langue, paladin.

MME JOURDAIN. Baladin! Êtes-vous en âge de danser des ballets?

M. JOURDAIN. Quelle ignorante! Je dis paladin: c'est une dignité dont on vient de me faire la cérémonie.

MME JOURDAIN. Quelle cérémonie donc?

M. JOURDAIN. *Mahameta per Jordina.*

MME JOURDAIN. Qu'est-ce que cela veut dire?

M. JOURDAIN. *Jordina,* c'est-à-dire Jourdain.

MME JOURDAIN. Hé bien! quoi, Jourdain?

M. JOURDAIN. *Voler far un paladina de Jordina.*

MME JOURDAIN. Comment?

M. JOURDAIN. *Dar turbanta con galera.*

MME JOURDAIN. Qu'est-ce à dire, cela?

M. JOURDAIN. *Per deffender Palestina.*

MME JOURDAIN. Que voulez-vous donc dire?

M. JOURDAIN. *Dara, dara bastonnara.*

MME JOURDAIN. Qu'est-ce donc que ce jargon-là?

M. JOURDAIN. *Non tener honta, questa star l'ultima affronta.*

MME JOURDAIN. Qu'est-ce que c'est donc que tout cela?

M. JOURDAIN, *chantant et dansant. Hou la ba, ba la chou, ba la ba, ba la da.* [*Il tombe par terre.*]

MME JOURDAIN. Hélas! mon Dieu, mon mari est devenu fou.

M. JOURDAIN, *se relevant et s'en allant.* Paix, insolente. Portez respect à monsieur le *mamamouchi.*

MME JOURDAIN, *seule.* Où est-ce donc qu'il a perdu l'esprit? Courons l'empêcher de sortir. (*Apercevant* DORIMÈNE *et* DORANTE.) Ah! ah! voici justement le reste de notre écu! Je ne vois que chagrin de tous les côtés.

SCÈNE II.

DORANTE, DORIMÈNE.

DORANTE. Oui, madame, vous verrez la plus plaisante chose qu'on puisse voir, et je ne crois pas que dans tout le monde, il soit possible de trouver encore un homme aussi fou que celui-là. Et puis, madame, il faut tâcher de servir l'amour de Cléonte, et d'appuyer toute sa mascarade. C'est un fort galant homme, et qui mérite que l'on s'intéresse pour lui.

DORIMÈNE. J'en fais beaucoup de cas, et il est digne d'une bonne fortune.

DOR. Outre cela, nous avons ici, madame, un ballet qui nous revient, que nous ne devons pas laisser perdre; et il faut bien voir si mon idée pourra réussir.

DORI. J'ai vu là des apprêts magnifiques, et ce sont des choses, Dorante, que je ne puis plus souffrir. Oui je veux enfin vous empêcher vos profusions; et, pour rompre le cours à toutes les dépenses que je vous vois faire pour moi, j'ai résolu de me marier promptement avec vous. C'en est le vrai secret; et toutes ces choses finissent avec le mariage.

DOR. Ah ! madame, est-il possible que vous ayez pu prendre pour moi une si douce résolution ?

DORI. Ce n'est que pour vous empêcher de vous ruiner, et sans cela, je vois bien qu'avant qu'il fût peu, vous n'auriez pas un sou.

DOR. Que j'ai d'obligation, madame, aux soins que vous avez de conserver mon bien ! Il est entièrement à vous, aussi bien que mon cœur ; et vous en userez de la façon qu'il vous plaira.

DORI. J'userai bien de tous les deux. Mais voici votre homme : la figure en est admirable.

SCÈNE III.

MONSIEUR JOURDAIN, DORIMÈNE, DORANTE.

DORANTE. Monsieur, nous venons rendre hommage, madame et moi, à votre nouvelle dignité, et nous réjouir avec vous du mariage que vous faites de votre fille avec le fils du Grand-Turc.

MONSIEUR JOURDAIN, *après avoir fait les révérences à la turque.* Monsieur, je vous souhaite la force des serpents, et la prudence des lions.

DORIMÈNE. J'ai été bien aise d'être des premières, monsieur, à venir vous féliciter du haut degré de gloire où vous êtes monté.

M. JOURDAIN. Madame, je vous souhaite toute l'année votre rosier fleuri. Je vous suis infiniment obligé de prendre part aux honneurs qui m'arrivent ; et j'ai beaucoup de joie de vous voir revenue ici pour vous faire les très-humbles excuses de l'extravagance de ma femme.

DORI. Cela n'est rien ; j'excuse en elle un pareil mouvement : votre cœur lui doit être précieux, et il n'est pas étrange que la possession d'un homme comme vous puisse inspirer quelques alarmes.

M. JOURDAIN. La possession de mon cœur est une chose qui vous est tout acquise.

DOR. Vous voyez, madame, que monsieur Jourdain n'est pas de ces gens que les prospérités aveuglent, et qu'il sait, dans sa gloire, connaître encore ses amis.

DORI. C'est la marque d'une âme tout à fait généreuse.

DOR. Où est donc son altesse turque? Nous voudrions bien, comme vos amis, lui rendre nos devoirs.

M. JOURDAIN. Le voilà qui vient; et j'ai envoyé quérir ma fille pour lui donner la main.

SCÈNE IV.

MONSIEUR JOURDAIN, DORIMÈNE, DORANTE, CLÉONTE, habillé en Turc.

DORANTE, *à* CLÉONTE. Monsieur, nous venons faire la révérence à votre altesse, comme amis de monsieur votre beau-père, et l'assurer avec respect de nos très-humbles services.

MONSIEUR JOURDAIN. Où est le truchement, pour lui dire qui vous êtes, et lui faire entendre ce que vous dites? Vous verrez qu'il vous répondra; et il parle turc à merveille. Holà! où diantre est-il allé? (*À* CLÉONTE.) *Strouf, strif, strof, straf.* Monsieur est un *grande segnore, grande segnore, grande segnore;* et madame une *granda dama, granda dama.* (*Voyant qu'il ne se fait point entendre.*) Ah! (*À* CLÉONTE, *montrant* DORANTE.) Monsieur, lui *mamamouchi* français, et madame *mamamouchie* française. Je ne puis pas parler plus clairement. Bon! voici l'interprète.

SCÈNE V.

MONSIEUR JOURDAIN, DORIMÈNE, DORANTE, CLÉONTE, habillé en Turc, COVIELLE, déguisé.

MONSIEUR JOURDAIN. Où allez-vous donc? Nous ne saurions rien dire sans vous. (*Montrant* CLÉONTE.) Dites-lui un peu que monsieur et madame sont des personnes de grande qualité, qui lui viennent faire la révérence, comme mes amis, et l'assurer de leurs services. (*À* DORIMÈNE *et à* DORANTE.) Vous allez voir comme il va répondre.

COVIELLE. *Alabala crociam acci boram alabamen.*

CLÉONTE. *Catalequi tubal ourin soter amalouchan.*

M. JOURDAIN, *à* DORIMÈNE *et à* DORANTE. Voyez-vous?

CO. Il dit que la pluie des prospérités arrose en tout temps le jardin de votre famille.

M. JOURDAIN. Je vous l'avais bien dit, qu'il parle turc !

DOR. Cela est admirable !

SCÈNE VI.

LUCILE, CLÉONTE, MONSIEUR JOURDAIN, DORIMÈNE, DORANTE, COVIELLE.

MONSIEUR JOURDAIN. Venez, ma fille; approchez-vous, et venez donner votre main à monsieur, qui vous fait l'honneur de vous demander en mariage.

LUCILE. Comment ! mon père, comme vous voilà fait ? Est-ce une comédie que vous jouez ?

M. JOURDAIN. Non, non : ce n'est pas une comédie; c'est une affaire fort sérieuse, et la plus pleine d'honneur pour vous qui se peut souhaiter. (*Montrant* CLÉONTE.) Voilà le mari que je vous donne.

LU. À moi, mon père ?

M. JOURDAIN. Oui, à vous. Allons, touchez-lui dans la main, et rendez grâces au ciel de votre bonheur.

LU. Je ne veux point me marier.

M. JOURDAIN. Je le veux, moi, qui suis votre père.

LU. Je n'en ferai rien.

M. JOURDAIN. Ah ! que de bruit ! Allons, vous dis-je. Çà, votre main.

LU. Non, mon père; je vous l'ai dit, il n'est point de pouvoir qui me puisse obliger à prendre un autre mari que Cléonte; et je me résoudrai plutôt à toutes les extrémités, que de...(*Reconnaissant* CLÉONTE.) Il est vrai que vous êtes mon père: je vous dois entière obéissance, et c'est à vous à disposer de moi selon vos volontés.

M. JOURDAIN. Ah ! je suis ravi de vous voir si promptement revenue dans votre devoir, et voilà qui me plaît d'avoir une fille obéissante.

SCÈNE VII.

MADAME JOURDAIN, CLÉONTE, MONSIEUR JOURDAIN, LUCILE, DORANTE, DORIMÈNE, COVIELLE.

MADAME JOURDAIN. Comment donc? Qu'est-ce que c'est que ceci? On dit que vous voulez donner votre fille en mariage à un carême-prenant?

MONSIEUR JOURDAIN. Voulez-vous vous taire, impertinente? Vous venez toujours mêler vos extravagances à toutes choses, et il n'y a pas moyen de vous apprendre à être raisonnable.

MME JOURDAIN. C'est vous qu'il n'y a pas moyen de rendre sage, et vous allez de folie en folie. Quel est votre dessein, et que voulez-vous faire avec cet assemblage?

M. JOURDAIN. Je veux marier notre fille avec le fils du Grand-Turc.

MME JOURDAIN. Avec le fils du Grand-Turc?

M. JOURDAIN, *montrant* COVIELLE. Oui, faites-lui faire vos compliments par le truchement que voilà.

MME JOURDAIN. Je n'ai que faire du truchement, et je lui dirai bien moi-même, à son nez, qu'il n'aura point ma fille.

M. JOURDAIN. Voulez-vous vous taire, encore une fois?

DORANTE. Comment? madame Jourdain, vous vous opposez à un honneur comme celui-là? Vous refusez son altesse turque pour gendre?

MME JOURDAIN. Mon Dieu! monsieur, mêlez-vous de vos affaires?

DORIMÈNE. C'est une grande gloire qui n'est pas à rejeter.

MME JOURDAIN. Madame, je vous prie aussi de ne vous point embarrasser de ce qui ne vous touche pas.

DOR. C'est l'amitié que nous avons pour vous qui nous fait intéresser dans vos avantages.

MME JOURDAIN. Je me passerai bien de votre amitié.

DOR. Voilà votre fille qui consent aux volontés de son père.

MME JOURDAIN. Ma fille consent à épouser un Turc?

DOR. Sans doute.

MME JOURDAIN. Elle peut oublier Cléonte?

DOR. Que ne fait-on pas pour être grande dame?

MME JOURDAIN. Je l'étranglerais de mes mains, si elle avait fait un coup comme celui-là.

M. JOURDAIN. Voilà bien du caquet? Je vous dis que ce mariage-là se fera.

MME JOURDAIN. Je vous dis, moi, qu'il ne se fera point.

M. JOURDAIN. Ah! que de bruit!

LUCILE. Ma mère!

MME JOURDAIN. Allez. Vous êtes une coquine.

M. JOURDAIN, *à* MME JOURDAIN. Quoi! vous la querellez de ce qu'elle m'obéit?

MME JOURDAIN. Oui. Elle est à moi aussi bien qu'à vous.

COVIELLE, *à* MME JOURDAIN. Madame!

MME JOURDAIN. Que me voulez-vous conter, vous?

CO. Un mot.

MME JOURDAIN. Je n'ai que faire de votre mot.

CO., *à* M. JOURDAIN. Monsieur, si elle veut écouter une parole en particulier, je vous promets de la faire consentir à ce que vous voulez.

MME JOURDAIN. Je n'y consentirai point.

CO. Écoutez-moi seulement.

MME JOURDAIN. Non.

M. JOURDAIN, *à* MME JOURDAIN. Écoutez-le.

MME JOURDAIN. Non: je ne veux pas l'écouter.

M. JOURDAIN. Il vous dira...

MME JOURDAIN. Je ne veux point qu'il me dise rien.

M. JOURDAIN. Voilà une grande obstination de femme! Cela vous fera-t-il mal de l'entendre?

CO. Ne faites que m'écouter; vous ferez après ce qu'il vous plaira.

MME JOURDAIN. Hé bien! quoi?

CO., *bas, à* MME JOURDAIN. Il y a une heure, madame, que nous vous faisons signe. Ne voyez-vous pas bien que tout ceci n'est fait que pour nous ajuster aux visions de votre mari, que nous l'abusons sous ce déguisement, et que c'est Cléonte lui-même qui est le fils du Grand-Turc?

MME JOURDAIN, *bas, à* COVIELLE. Ah! ah!

CO., *bas, à* MME JOURDAIN. Et moi, Covielle, qui suis le truchement.

MME JOURDAIN, *bas, à* COVIELLE. Ah! comme cela, je me rends.

CO., *bas, à* MME JOURDAIN. Ne faites pas semblant de rien.

MME JOURDAIN, *haut.* Oui. Voilà qui est fait; je consens au mariage.

M. JOURDAIN. Ah! voilà tout le monde raisonnable. (*À* MME JOURDAIN.) Vous ne vouliez pas l'écouter. Je savais bien qu'il vous expliquerait ce que c'est que le fils du Grand-Turc.

MME JOURDAIN. Il me l'a expliqué comme il faut, et j'en suis satisfaite. Envoyons quérir un notaire.

DOR. C'est fort bien dit. Et afin, madame Jourdain, que vous puissiez avoir l'esprit tout à fait content, et que vous perdiez aujourd'hui toute la jalousie que vous pourriez avoir conçue de monsieur votre mari, c'est que nous nous servirons du même notaire pour nous marier, madame et moi.

MME JOURDAIN. Je consens aussi à cela.

M. JOURDAIN, *bas, à* DORANTE. C'est pour lui faire accroire.

DOR., *bas, à* M. JOURDAIN. Il faut bien l'amuser avec cette feinte.

M. JOURDAIN, *bas.* Bon, bon! (*Haut.*) Qu'on aille vite quérir le notaire.

DOR. Tandis qu'il viendra et qu'il dressera les contrats, voyons notre ballet, et donnons-en le divertissement à son altesse turque.

M. JOURDAIN. C'est fort bien avisé. Allons prendre nos places.

MME JOURDAIN. Et Nicole?

M. JOURDAIN. Je la donne au truchement; et ma femme, à qui la voudra.

CO. Monsieur, je vous remercie. (*À part.*) Si l'on en peut voir un plus fou, je l'irai dire à Rome.

La comédie finit par un petit ballet qui avait été préparé.

For the Ballet with which the Play ends see Appendix (B).

APPENDIX (A).

BALLET CONCLUSION OF ACT IV.

SCÈNE IX.

CÉRÉMONIE TURQUE.

LE MUPHTI, DERVIS, TURCS, assistants du muphti, chantants et dansants.

PREMIÈRE ENTRÉE DE BALLET.

Six Turcs entrent gravement deux à deux, au son des instruments. Ils portent trois tapis qu'ils lèvent fort haut, après en avoir fait, en dansant, plusieurs figures. Les Turcs chantants passent par-dessous ces tapis, pour s'aller ranger aux deux côtés du théâtre. Le muphti, accompagné des dervis, ferme cette marche.

Alors les Turcs étendent les tapis par terre, et se mettent dessus à genoux. Le muphti et les dervis restent debout au milieu d'eux; et, pendant que le muphti invoque Mahomet, en faisant beaucoup de contorsions et de grimaces, sans proférer une seule parole, les Turcs assistants se prosternent jusqu'à terre, chantant Alli, *lèvent les bras au ciel, en chantant* Alla; *ce qu'ils continuent jusqu'à la fin de l'invocation, après laquelle ils se lèvent tous, chantant* Alla eckber[1], *et deux dervis vont chercher M. Jourdain.*

SCÈNE X.

LE MUPHTI, DERVIS, TURCS chantants et dansants; MONSIEUR JOURDAIN, vêtu à la turque, la tête rasée, sans turban et sans sabre.

LE MUPHTI, *à* M. JOURDAIN.

Se ti sabir,
Ti respondir;
Se non sabir,
Tazir, tazir.
Mi star muphti,
Ti qui star si?
Non intendir;
Tazir, tazir[2].

[*Deux dervis font retirer* M. JOURDAIN.]

[1] *Alli* et *Alla* (*Allah*) signifient Dieu; *Alla eckber*, Dieu est grand.

[2] "Si tu sais, réponds; si tu ne sais pas, tais-toi.
"Je suis le muphti: toi, qui es-tu? Tu ne comprends pas? Tais-toi."
Ces couplets sont en *langue franque*, mélange corrompu de l'Espagnol, de l'Italien et du Portugais dans lequel tous les verbes sont à l'infinitif.

SCÈNE XI.

LE MUPHTI, DERVIS, TURCS chantants et dansants.

LE MUPHTI. Dice, Turque, qui star quista? Anabatista? anabatista?

LES TURCS. Ioc.

LE MUPHTI. Zuinglista?

LES TURCS. Ioc.

LE MUPHTI. Coffita?

LES TURCS. Ioc.

LE MUPHTI. Hussita? Morista? Fronista?

LES TURCS. Ioc, ioc, ioc.

LE MUPHTI. Ioc, ioc, ioc. Star pagana?

LES TURCS. Ioc.

LE MUPHTI. Luterana?

LES TURCS. Ioc.

LE MUPHTI Puritana?

LES TURCS. Ioc.

LE MUPHTI. Bramina? Moffina? Zurina?

LES TURCS. Ioc, ioc, ioc.

LE MUPHTI. Ioc, ioc, ioc. Mahametana? Mahametana?

LES TURCS. Hi Valla. Hi Valla.

LE MUPHTI. Como chamara? Como chamara?

LES TURCS. Giourdina, Giourdina.

LE MUPHTI, *sautant.* Giourdina, Giourdina.

LES TURCS. Giourdina, Giourdina[1].

LE MUPHTI.

Mahameta, per Giourdina,
Mi pregar sera e matina.
Voler far un paladina
De Giourdina, de Giourdina;
Dar turbanta, e dar scarrina,
Con galera, e brigantina,
Per deffender Palestina.
Mahameta, per Giourdina,
Mi pregar sera e matina.
[*Aux Turcs.*]
Star bon Turca Giourdina?

LES TURCS. Hi Valla. Hi Valla[2].

[1] "*Le muphti:* Dis, Turc, quel est celui-ci? Est-il anabaptiste? *Les Turcs:* non. Zwinglien? Non. Cophte? Non. Hussite, more, phroniste (ou contemplatif)? Non, non, non. Non, non, non. Est-il paien? Non. Luthérien? Non. Puritain? Non. Bramine? (Les noms de *Moffina* et de *Zurina* paraissent avoir été forgés par Molière.) Non, non, non. Non, non, non. Mahométan? Oui, par Dieu! Comment s'appelle-t-il? Jourdain. Jourdain? Jourdain."

[2] "*Le muphti:* Pour Jourdain, je prierai Mahomet soir et matin. Je veux faire de Jourdain un paladin. Je lui donnerai turban et sabre, avec galère et brigantin, pour défendre la Palestine. Pour Jourdain, je prierai Mahomet soir et matin. (*Aux Turcs.*) Est-il bon Turc, ce Jourdain? *Les Turcs:* Oui, par Dieu!"

LE MUPHTI, *chantant et dansant.* Ha la ba, ba la chou, ba la ba, ba la da.

LES TURCS. Ha la ba, ba la chou, ba la ba, ba la da.

SCÈNE XII.

TURCS chantants et dansants.

DEUXIÈME ENTRÉE DE BALLET.

SCÈNE XIII.

LE MUPHTI, DERVIS, MONSIEUR JOURDAIN, TURCS chantants et dansants.

Le muphti revient coiffé avec son turban de cérémonie qui est d'une grosseur démesurée, et garni de bougies allumées à quatre ou cinq rangs; il est accompagné de deux dervis qui portent l'Alcoran, et qui ont des bonnets pointus, garnis de bougies allumées.

Les deux autres dervis amènent M. Jourdain, et le font mettre à genoux, les mains par terre; de façon que son dos, sur lequel est mis l'Alcoran, sert de pupitre au muphti, qui fait une seconde invocation burlesque, fronçant le sourcil, frappant de temps en temps sur l'Alcoran, et tournant les feuillets avec précipitation; après quoi, en levant les bras au ciel, le muphti crie à haute voix: Hou[1].

Pendant cette seconde invocation, les Turcs assistants, s'inclinant et se relevant alternativement, chantent aussi Hou, Hou, Hou.

MONSIEUR JOURDAIN, *après qu'on lui a ôté l'Alcoran de dessus le dos.* Ouf.

LE MUPHTI, *à* M. JOURDAIN.
Ti non star furba[2]?
LES TURCS.
No, no, no.
LE MUPHTI.
Non star forfanta?
LES TURCS.
No, no, no.
LE MUPHTI, *aux Turcs.*
Donar turbanta.
LES TURCS.
Ti non star furba?
No, no, no.
Non star forfanta?
No, no, no.
Donar turbanta.

[1] "*Hou*, Lui; un des noms que les Turcs donnent à Dieu.

[2] "*Le muphti:* Tu n'es pas un fourbe? *Les Turcs:* Non, non, non. *Le muphti:* Tu n'es pas un imposteur? Non, non, non. Donnez le turban. *Les Turcs:* Tu n'es pas un fourbe, etc."

TROISIÈME ENTRÉE DE BALLET.

Les Turcs dansants mettent le turban sur la tête de M. JOURDAIN *au son des instruments.*

LE MUPHTI, *donnant le sabre à* M. JOURDAIN.

Ti star nobile, non star fabbola.
Pigliar schiabbola[1].

LES TURCS, *mettant le sabre à la main.*

Ti star nobile, non star fabbola.
Pigliar schiabbola.

QUATRIÈME ENTRÉE DE BALLET.

Les Turcs dansants donnent en cadence plusieurs coups de sabre à M. JOURDAIN.

LE MUPHTI.

Dara, dara
Bastonnara.

LES TURCS.

Dara, dara
Bastonnara[2].

CINQUIÈME ENTRÉE DE BALLET.

Les Turcs dansants donnent à M. JOURDAIN *des coups de bâton en cadence.*

LE MUPHTI.

Non tener honta,
Questa star l'ultima affronta.

LES TURCS.

Non tener honta,
Questa star l'ultima affronta[3].

Le muphti commence une troisième invocation. Les dervis le soutiennent par-dessous les bras avec respect; après quoi, les Turcs chantants et dansants, sautant autour du muphti, se retirent avec lui, et emmènent M. JOURDAIN.

[1] "Tu es noble, ce n'est point une fable. Prends ce sabre."
[2] "Donnez, donnez la bastonnade."
[3] "N'aie point de honte; voilà le dernier affront."

APPENDIX (B).

BALLET AT THE END OF ACT V.

PREMIÈRE ENTRÉE.

Un homme vient donner les livres du ballet, qui d'abord est fatigué par une multitude de gens de provinces différentes qui crient en musique pour en avoir, et par trois importuns qu'il trouve toujours sur ses pas.

DIALOGUE DES GENS QUI EN MUSIQUE DEMANDENT DES LIVRES.

TOUS.

À moi, monsieur, à moi, de grâce, à moi, monsieur:
Un livre, s'il vous plaît, à votre serviteur.

HOMME DU BEL AIR[1].

Monsieur, distinguez-nous parmi les gens qui crient.
Quelques livres ici; les dames vous en prient.

AUTRE HOMME DU BEL AIR.

Holà, monsieur! monsieur, ayez la charité
D'en jeter de notre côté.

FEMME DU BEL AIR.

Mon Dieu, qu'aux personnes bien faites
On sait peu rendre honneur céans!

AUTRE FEMME DU BEL AIR.

Ils n'ont des livres et des bancs
Que pour mesdames les grisettes[2].

GASCON.

Ah! l'homme aux libres[3], qu'on m'en vaille
J'ai déjà lé poumon usé.
Bous boyez qué chacun mé raille,
Et jé suis escandalisé
Dé boir ès[4] mains de la canaille
Ce qui m'est par bous refusé.

[1] Fine gentleman.
[2] "citizens' daughters." This name is derived from the grey (*gris*) material of which their dresses were made.
[3] libres=livres; in the Gascon dialect *b* and *v* are interchanged, and *e* mute is sounded as *é*.
[4] ès=en les.

AUTRE GASCON.

Hé! cadédis[1], monseu, boyez qui l'on pût être[2].
Un libret, jé bous prie, au varon d'Asbarat.
Jé pensé, mordi[3], qué lé fat
N'a pas l'honneur dé mé connaître.

LE SUISSE.

[4]Montsir le donner de papieir,
Que vuel dir sti façon de fifre?
Moi l'écorchair tout mon gosieir
A crieir,
Sans que je pouvre afoir ein lifre.
Pardi, mon foi, montsir, je pense fous l'être ifre.

VIEUX BOURGEOIS BABILLARD.

De tout ceci, franc et net,
Je suis mal satisfait;
Et cela sans doute est laid,
Que notre fille
Si bien faite et si gentille,
De tant d'amoureux l'objet,
N'ait pas à son souhait
Un livre de ballet,
Pour lire le sujet
Du divertissement qu'on fait;
Et que toute notre famille
Si proprement s'habille
Pour être placée au sommet
De la salle, où l'on met
Les gens de l'entriguet[5]!
De tout ceci, franc et net,
Je suis mal satisfait;
Et cela sans doute est laid.

VIEILLE BOURGEOISE BABILLARDE.

Il est vrai que c'est une honte;
Le sang au visage me monte;
Et ce jeteur de vers, qui manque au capital[6],
L'entend fort mal:
C'est un brutal,
Un vrai cheval,
Franc animal,

[1] *cadédis*, corrupted from *cap* (*chef*) *de Dieu*.
[2] Consider who I am.
[3] mordi = mordieu.
[4] Monsieur le donneur de papier, que veut dire cette façon de vivre? Je m'écorche le gosier à crier, sans que je puisse avoir un livre. Pardieu, ma foi, monsieur je crois que vous êtes ivre.
[5] *entriguet*. importance, business.
[6] who is wanting (in respect) to well-to-do people (capitalists).

De faire si peu de compte
D'une fille qui fait l'ornement principal
Du quartier du Palais-Royal,
Et que, ces jours passés, un comte
Fut prendre la première au bal.
Il l'entend mal,
C'est un brutal,
Un vrai cheval,
Franc animal.

HOMMES ET FEMMES DU BEL AIR.

Ah! quel bruit!
Quel fracas!
Quel chaos!
Quel mélange!
Quelle confusion!
Quelle cohue étrange!
Quel désordre!
Quel embarras!
On y sèche.
L'on n'y tient pas.

GASCON.

Bentré! jé suis à vout[1].

AUTRE GASCON.

J'enragé, Diou mé damne.

LE SUISSE.

Ah! que l'y faire saif dans sti sal de cians!

GASCON.

Jé murs.

AUTRE GASCON.

Jé perds la tramontane.

LE SUISSE.

Mon foi, moi, le foudrais être hors de dedans.

VIEUX BOURGEOIS BABILLARD.

Allons, ma mie,
Suivez mes pas,
Je vous en prie,
Et ne me quittez pas.
On fait de nous trop peu de cas,
Et je suis las
De ce tracas.
Tout ce fracas,
Cet embarras,

[1] Ventre-bleu! je suis à bout. J'enrage, Dieu me damne. Ah! qu'il fait chaud dans cette salle. Je meurs. Je perds la tramontane (guiding North star, i.e. my wits). Ma foi, je voudrais être hors d'ici.

Me pèse par trop sur les bras.
S'il me prend jamais envie
De retourner de ma vie
À ballet ni[1] comédie,
Je veux bien qu'on m'estropie.
Allons, ma mie,
Suivez mes pas,
Je vous en prie,
Et ne me quittez pas;
On fait de nous trop peu de cas.

VIEILLE BOURGEOISE BABILLARDE.

Allons, mon mignon, mon fils,
Regagnons notre logis;
Et sortons de ce taudis[2],
Où l'on ne peut être assis.
Ils seront bien ébaubis[3]
Quand ils nous verront partis.
Trop de confusion règne dans cette salle,
Et j'aimerais mieux être au milieu de la halle.
Si jamais je reviens à semblable régale[4],
Je veux bien recevoir des soufflets plus de six.
Allons, mon mignon, mon fils,
Regagnons notre logis;
Et sortons de ce taudis,
Où l'on ne peut être assis.

TOUS.

À moi, monsieur, à moi, de grâce, à moi, monsieur:
Un livre, s'il vous plaît, à votre serviteur.

DEUXIÈME ENTRÉE.

Les trois importuns dansent.

TROISIÈME ENTRÉE.

TROIS ESPAGNOLS, *chantant.*

Sé que me muero de amor
Y solicito el dolor.

Aun muriendo de querer,
De tan buen ayre adolezco
Que es mas de lo que padezco,
Lo que quiero padecer;
Y no pudiendo exceder
A mi deseo el rigor.

Sé que me muero de amor
Y solicito el dolor.

Lisonxeame la suerte
Con piedad tan advertida,

[1] *ni* for *ou*.
[2] hovel.
[3] astonished.
[4] *régale* for *régal*.

Que me asegura la vida
En el riesgo de la muerte.
Vivir de su golpe fuerte
Es de mi salud primor.
Sé que me muero de amor
Y solicito el dolor[1].

Six Espagnols dansent.

TROIS MUSICIENS ESPAGNOLS.

Ay! que locura, con tanto rigor
Quexarse de amor,
Del niño bonito
Que todo es dulzura.
Ay! que locura!
Ay! que locura[2]!

ESPAGNOL, *chantant.*

El dolor solicita
El que al dolor se da:
Y nadie de amor muere,
Sino quien no sabe amar[3].

DEUX ESPAGNOLS.

Dulce muerte es el amor
Con correspondencia igual;
Y si esta gozamos hoy,
Porque la quieres turbar[4]?

UN ESPAGNOL.

Alegrese enamorado
Y tome mi parecer,
Que en esto de querer,
Todo es hallar el vado[5].

[1] Vers espagnols en style précieux, dont le sens est celui-ci:
"Je sais que je me meurs d'amour, et je recherche la douleur.
"Quoique mourant de désir, je dépéris de si bon air que ce que je désire souffrir est plus que ce que je souffre; et la rigueur de mon mal ne peut dépasser mon désir.
"Je sais, etc.
"Le sort me flatte avec une pitié si attentive, qu'il m'assure la vie dans le danger de la mort. Vivre d'un coup si fort est le prodige de mon salut.
"Je sais, etc."

[2] "Ah! quelle folie de se plaindre de l'amour avec tant de rigueur, de l'enfant gentil qui est la douceur même! Ah! quelle folie!"

[3] "La douleur tourmente celui qui s'abandonne à la douleur; et personne ne meurt d'amour, si ce n'est celui qui ne sait pas aimer".

[4] "L'amour est une douce mort quand on est payé de retour, et si nous en jouissons aujourd'hui, pourquoi la veux-tu troubler?"

[5] "Que l'amant se réjouisse, et adopte mon avis; car lorsqu'on désire, le tout est de trouver le moyen".

TOUS TROIS ENSEMBLE.

Vaya, vaya de fiestas!
  Vaya de bayle!
Alegria, alegria, alegria!
Que esto de dolor es fantasia[1].

QUATRIÈME ENTRÉE.

ITALIENS.

UNE MUSICIENNE ITALIENNE fait le premier récit, dont voici les paroles:

Di rigori armata, il seno
Contro amor mi ribellai;
Ma fui vinta in un baleno,
In mirar due vaghi rai.
Ahi! che resiste puoco
Cor di gelo a stral di fuoco!

Ma si caro è'l mio tormento,
Dolce è si la piaga mia,
Ch'il penare è mio contento,
E'l sanarmi è tirannia.
Ahi! che più giova e piace
Quanto amor è più vivace[2]!

Après l'air que la musicienne a chanté, deux Scaramouches, deux Trivelins et un Arlequin, représentent une nuit à la manière des comédiens italiens, en cadence. Un musicien italien se joint à la musicienne italienne, et chante avec elle les paroles qui suivent:

LE MUSICIEN ITALIEN.

Bel tempo che vola
Rapisce il contento:
D'Amor ne la scuola
Si coglie il momento.

LA MUSICIENNE.

Insin che florida
  Ride l'età,
Che pur tropp'orrida,
  Da noi sen va:

[1] "Allons, allons, des fêtes, de la danse. Gai, gai, gai; la douleur n'est que dans l'imagination".

[2] "J'armai mon sein de rigueur et me révoltai contre l'amour; mais je fus vaincue en un éclair en regardant deux beaux yeux. Ah! qu'un cœur de glace résiste peu à une flèche de feu!

"Cependant mon tourment m'est si cher et ma plaie m'est si douce, que ma peine fait mon bonheur, et que me guérir serait une tyrannie. Ah! plus l'amour est vif, et plus il a de charmes et cause de plaisir".

TOUS DEUX.

Sù cantiamo,
Sù godiamo
Ne' bei dì di gioventù;
Perduto ben non si racquista più.

MUSICIEN.

Pupilla ch' è vaga
Mill' alme incatena;
Fà dolce la piaga,
Felice la pena.

MUSICIENNE.

Ma poichè frigida
Langue l'età,
Più l'alma rigida
Fiamme non ha.

TOUS DEUX.

Sù cantiamo,
Sù godiamo
Ne' bei dì di gioventù;
Perduto ben non si racquista più[1].

Après les dialogues italiens, les Scaramouches et Trivelins dansent une réjouissance[2].

CINQUIÈME ENTRÉE.

FRANÇAIS.

DEUX MUSICIENS POITEVINS dansent et chantent les paroles qui suivent:

PREMIER MENUET.

Ah! qu'il fait beau dans ces bocages!
Ah! que le ciel donne un beau jour!

[1] *Le musicien italien:* Le bel âge qui s'envole emporte le plaisir; à l'école d'amour, on apprend à profiter du moment. *La musicienne:* Tant que rit l'âge fleuri, qui trop promptement, hélas! s'éloigne de nous. *Ensemble:* Chantons, jouissons des beaux jours de la jeunesse; un bien perdu ne se retrouve plus. *Le musicien:* Un bel œil enchaîne mille cœurs; ses blessures sont douces, le mal qu'il cause est une félicité. *La musicienne:* Mais quand les glaces de l'âge apportent la langueur, l'âme engourdie n'a plus de feux. *Ensemble:* Chantons, jouissons, etc.

[2] The *clowns* and *buffoons* dance a merry dance.

AUTRE MUSICIEN.

Le rossignol, sous ces tendres feuillages.
Chante aux échos son doux retour!
Ce beau séjour,
Ces doux ramages,
Ce beau séjour
Nous invite à l'amour.

DEUXIÈME MENUET. TOUS DEUX ENSEMBLE.

Vois, ma Climène,
Vois, sous ce chêne
S'entrebaiser ces oiseaux amoureux:
Ils n'ont rien dans leurs vœux
Qui les gêne;
De leurs doux feux
Leur âme est pleine.
Qu'ils sont heureux!
Nous pouvons tous deux,
Si tu le veux,
Être comme eux.

Six autres Français viennent après, vêtus galamment à la poitevine[1], *trois en hommes et trois en femmes, accompagnés de huit flûtes et de hautbois, et dansent les menuets.*

SIXIÈME ENTRÉE.

Tout cela finit par le mélange des trois nations, et les applaudissements en danse et en musique de toute l'assistance, qui chante les deux vers qui suivent:

Quels spectacles charmants! quels plaisirs goûtons-nous!
Les dieux mêmes, les dieux n'en ont point de plus doux.

[1] Poitou fashion.

NOTES.

ACT I.

PAGE 2.

Bourgeois, 'well-to-do citizen'. *Gentilhomme*, 'gentleman'; hence *Bourgeois Gentilhomme* = 'upstart citizen'.

l. 11. *entrez...et vous reposez.* When two imperatives are connected by *et* or *ou*, the pronouns governed by the second may precede it, e.g. *apportez-le-moi et me le montrez.*

qu'il vienne for *jusqu'à ce qu'il vienne.* The conjunctions *avant que*, *sans que*, *jusqu'à ce que*, *de manière que*, *à moins que*, *quoique*, *afin que*, and *que* used for any of them, require the subjunctive.

l. 17. *quelque chose de nouveau.* Obs. the genitive of the adj. after *quelque chose*, *quoi*, *rien*; cp. Lat. 'aliquid *novi*'.

l. 19. *que je lui ai fait composer.* When an infinitive depending on *faire* has a direct object (acc. of the thing) the person object is put in the dat. This may be explained by considering the two verbs together as a verbal expression the force of which is transitive; thus *faire voir* = 'to show', *faire apprendre* = 'to teach'.

l. 22. *vous l'allez entendre* for *vous allez l'entendre.* The personal pronoun, object of an infinitive, may be placed before the verb preceding the inf. This was a favourite inversion with Molière and his contemporaries.

l. 24. *à vous et à moi*, 'both yours and mine'.

il est vrai for *c'est vrai.* *C'est*, *c'était*, are used when followed by an adjective only; *il est*, *il était*, when the adjective is not alone; e.g. 'c'est beau'; 'il est beau de mourir pour sa patrie'.

l. 27. *comme il nous le faut à tous* (les) *deux*, 'such as we both want'. After *tous*, *toutes* the article *les* may be omitted before *deux*, *trois*, *quatre*, but not before higher numbers.

l. 28. *ce nous est une douce rente que ce Monsieur Jourdain* for *ce Monsieur Jourdain est une douce rente* ('nice income') *pour nous.* Obs. when the subject is anticipated by *ce*, so that the predicate is placed before the subject, this subject is emphasised by *que;* in the case of an infinitive by *que de;* e.g. 'c'est un rocher stérile *que* cette île', 'c'est imiter les Dieux *que de* soulager les malheureux'.

l. 29. *qu'il est allé se mettre en tête*, 'which he has taken into his head'. *Que* is here the direct object (acc.), and *se* the indirect (dat.).

l. 33. *pour lui*, 'for his sake'.

se connaître à='to be an adept at'; *connaître*='to be acquainted with'.

qu'il ne fait. Obs. *ne* after the comparative *mieux.* This *ne* after a comparative is accounted for by the negative idea implied; 'he is *not* an adept at these things'.

l. 36. *il les paye bien.* Obs. verbs that have *a* before *yer* of the infinitive do not necessarily change the *y* into *i* before an *e* mute. *Payer*=here 'to pay for'.

PAGE 3.

l. 1. *se repaître de*, 'to feed on'. The sense here is: "For myself I get a little satisfaction from glory", i.e. "with me reputation counts for something".

l. 3. *c'est un supplice assez fâcheux que de...* 'it is mortifying enough to show off one's talent'. For this *que de* which introduces the infin. used as subject when placed after the predicate, see p. 2, l. 28.

l. 5. *essuyer*, 'to endure' (fig.); 'to wipe' (lit.); from Lat. *exsuccare.*

l. 6. *il y a plaisir* for *il y a du plaisir.*

ne m'en parlez point='don't talk to me about it', i.e. 'you must allow it'.

l. 9. *vous régaler de*, 'make you take a relish in'.

l. 13. *à mon avis*, 'in my opinion'.

l. 14. *ce sont des douceurs.* Obs. *sont* here agrees, not with *ce*, but with the plural subst. which is the real subject. This is not the case with a personal pronoun of the *first* or *second* person, e.g. 'c'est nous', 'c'est vous'.

l. 16. *demeurer d'accord de*='to agree about'.

l. 19. *faire vivre*='to feed'.

les louanges toutes pures. Though *toutes* (='quite') is here used adverbially, it takes the fem. termination because it is followed by a fem. adj. beginning with a consonant. This anomaly is really a survival of the ancient practice; in the Old Fr. language *tout* was never used adverbially, i.e. it always was made to agree with the subst.

l. 20. *il y faut mêler* for *il faut y mêler.* This *y* (='thereto') refers to *louanges.*

l. 21. *louer*, 'to praise', from Lat. *laudare; louer*, 'to let on hire', is from *locare; louer avec les mains* here signifies 'to bestow substantial (tangible) praises (represented by coin)'.

l. 22. *dont*, 'whose', is both sing. and plur. and like *duquel, de laquelle, desquels, desquelles*, can be used both of persons and things, while *de qui* can only be used of persons. When however 'whose' is separated by a preposition from its antecedent, *dont* cannot be used, but *duquel*, etc., or *de qui* (of persons); e.g. 'the child to whose whims we yield' = 'l'enfant aux caprices *duquel* (or *de qui*) nous nous soumettons'.

l. 23. *à tort et à travers* = 'at random'.

l. 24. *n'applaudit qu'à contre-sens*, 'never applauds except at the wrong place'.

l. 26. *monnayées*, 'minted', i.e. 'converted into coin'.

l. 30. *vous appuyez un peu trop*, 'you lay a little too much stress'.

l. 31. *l'intérêt*, 'profit'.

l. 34. *vous recevez fort bien pourtant*, 'nevertheless you very contentedly take'.

PAGE 4.

l. 2. *pour* in this sentence = 'instead of'.

l. 12. *me ferez-vous voir?* Obs. *me*, dat. and *drôlerie*, acc.; *faire voir* = 'to show'; cp. p. 2, l. 19.

l. 20. *c'est que* for *c'est parce que*.

je me fais habiller. Notice the use of the *active infinitive* in French, instead of the English *passive*, after *faire*, *laisser*, *voir*, etc.

l. 22. *ne mettre jamais* for *ne jamais mettre*. The component parts of the adverbial negation are not generally separated when the verb is in the infin.

l. 25. *de ne vous point en aller* for *de ne point vous en aller*.

l. 26. *que...ne* for *à moins que...ne*, with subj.

l. 27. *me puissiez voir* for *puissiez me voir*. In Molière's time the pers. pron., object of an infinitive, was placed before the verb preceding the inf. much more commonly than now. Cp. p. 2, l. 22.

l. 29. *comme il faut* = 'properly', 'fashionably'.

l. 32. *je me suis fait faire cette indienne-ci*, 'I got this printed calico (chintz) made for me'.

PAGE 5.

l. 6. *entr'ouvrant*. The prefix *entre* gives the meaning of incompleteness to the verbs *voir*, *ouvrir*, *bâiller*, e.g. *entrevoir*, 'to catch a glimpse of', *entr'ouvrir*, 'to partly open, set ajar'.

l. 7. *haut-de-chausses*, the upper part of the hose, i.e. 'breeches', in contradistinction with *bas-de-chausses* (now *bas*) = 'stockings'.

l. 19. *voyons un peu votre affaire*, 'just let us see your performance', i.e. 'what you have composed for me'.

l. 29. *abuser* = 'to deceive' as well as 'to abuse', but never 'to insult'.

en savent autant. Obs. *en* (of such things) is always required when the adv. of quantity has no subst. for its complement; it is also used to complement the object when it is a numeral or pronoun of quantity; e.g. 'j'*en* ai deux', 'j'*en* ai quelques-uns'.

l. 31. *qu'il s'en puisse faire* = 'as any that can be composed'; *se pouvoir* = 'to be possible'.

l. 38. *qui vous aime*, 'one who loves you'. *Qui* indefinite is both nom. and acc.; it is here equivalent to *celui qui*.

PAGE 6.

l. 2. *la pussiez un peu ragaillardir par-ci par-là*, 'could enliven it a little here and there'. Obs. the position of *la* before *pussiez* instead of before the inf. *ragaillardir*; cp. p. 4, l. 27.

l. 6. ***on m'en apprit un.*** Notice the pron. ***en*** used partitively to complement the numeral ***un;*** cp. p. 5, l. 29.

l. 7. ***comment est-ce qu'il dit?*** 'how does it go on?'

l. 8. *je ne sais*, 'I can't tell'. Notice that *pas* is generally omitted with the verbs *savoir*, ***pouvoir***, *cesser*, *oser*, *bouger*. This apparent anomaly is really a survival of the old usage; in the Old Fr. language ***ne*** was sufficient of itself and the words *pas*, *point*, *goutte*, *mie*, *rien* simply defined the negation, 'not a step, not a point, not a drop, not a scrap, not (any) thing'.

l. 9. *il y a du **mouton** dedans*, 'there is some sheep in it'. Much of the comic effect is lost in the English translation of the French *mouton* which means *mutton* as well as *sheep*.

l. 18. ***que n'est*** for ***que ne l'est.*** For the use of ***ne*** after a comparative, see p. 2, l. 33.

l. 20. *le plus joli du monde.* After a superlative the English *in* is expressed in French by *de*.

l. 33. *qui me montre*='who teaches me'; here *me* is dat. and *les armes* (understood) acc.

arrêter, 'to engage'.

l. 39. *il n'y a rien qui soit.* Notice the subjunctive after a relative pronoun preceded by a negative statement. The subjunctive is the mood used to express uncertainty; it therefore occurs most frequently after interrogative, negative, dubitative and imperative sentences.

PAGE 7.

l. 5. ***ne saurait rien faire.*** The verb ***savoir*** is often used for *pouvoir*, especially in the conditional taken negatively.

l. 8. *n'arrivent que pour*...'happen only through not learning music'. Molière often uses, as here, *pour* with the infinitive instead of *parce que* with the indicative; e.g.'*pour n'apprendre pas*'='*parce qu'ils n'apprennent pas*'.

l. 11. *dont*, 'with which' or 'whereof'; *dont*, Lat. *de-unde*, is used in an abl. as well as in a gen. sense.

l. 13. *faute de*, in Old Fr. *par faute de*.

l. 16. ***manque d'union***, 'lack of harmony'.

l. 19. *s'accorder*, 'to harmonise', 'to live in harmony'.

l. 22. ***un manquement.*** Translate 'a slip', so as to correspond with *un mauvais pas*, 'a false step', which follows.

l. 25. *un tel*='so and so'; the word *homme* is understood.

l. 34. *à cette heure*=*à présent.*

l. 35. ***nos deux affaires***, 'our two performances'.

l. 38. ***que peut exprimer la musique.*** This inversion of verb and subject after a relative pronoun in the acc. is very common, especially when the subject is of considerable length; its object is to balance better the whole sentence.

PAGE 8.

l. 2. *vous figurer*, 'picture to yourself', 'imagine'.

l. 8. *donner dans la bergerie*, 'launch into the sheepfold', i.e. 'have recourse to pastorals': *donner* is here intransitive. This is a sarcasm aimed at the 'Grand Opéra Italien'.

l. 9. *affecté aux bergers*, 'attributed to shepherds'.

l. 11. *passe, passe*, = 'well, well', lit. 'let it pass'.

l. 16. *de*, 'by'. With verbs that express sentiment more than physical effort, action of the mind more than of the body, *de* is used instead of *par*.

l. 18. *quoi que* with subjunctive = 'whatever'; *quoique* also with subjunctive = 'although'.

l. 19. *il n'est rien* for *il n'y a rien*.

l. 23. *dans une même envie*, 'in one common flame'.

l. 28. *l'amoureuse loi* = 'love's yoke'.

l. 31. *de*, 'any'. After a negative verb, and also after an adv. of quantity (except *bien* used for *beaucoup*), *de* is used instead of *du*, *de la*, *des*.

l. 32. *jour* = 'life'.

PAGE 9.

l. 6. *que tu m'es précieuse*, 'how precious you are to me'. Obs. that the adj. or adv. comes after the verb in a sentence beginning with *que!* = Lat. *quam!* 'How!'

l. 20. *je te veux offrir* for *je veux t'offrir*; cp. p. 2, l. 22; p. 4, l. 27.

l. 26. *qui des deux* for *lequel des deux*.

l. 28. *qui manquera*, 'whoever will lack'. Obs. *manquer de* = 'to be wanting in'; *manquer à*, 'to neglect, to slight'; *manquer*, without prep. = 'to miss'; *manquer*, intrans. = 'to fail, to err'.

l. 29. *le puissent perdre les dieux* for *puissent les dieux le perdre*. This pronoun *le* which is the antecedent to *qui* in the preceding line, is placed at the beginning of this for the sake of emphasis.

PAGE 10.

l. 3. *bien troussé*, 'well trussed' or 'well put together'; colloquial expression; so is *dictons*, 'phrases'.

l. 6. *dont une danse puisse*, 'with which a dance can'. The subjunctive is always used after a relative pron. preceded by a superlative.

l. 8. *sont-ce encore*, 'is it again'. For this plural form of the verb see p. 3, l. 14.

ACT II.

PAGE 11.

l. 5. *voilà qui n'est point sot* = 'this is not amiss'. *Qui* is here used in the sense of 'something which'. *Voici*, *voilà* are compounded of the adv. *ci* and *là* and of *voi*, the old imperative of *voir*; these two components were separable in the Old Fr., e.g. '*voi-me là*' (for *me voilà*) = 'here I am'.

l. 6. *se trémoussent bien* = 'trip it right merrily'; *se trémousser* = 'to bestir one's self'.

l. 11. *tantôt*, 'presently'; compd. of *tant tôt*, 'so soon (as possible)'. It is used of past as well as of future time. When repeated it means *at one time...at another*.

au moins = 'mind you'. This peculiar use of *au moins* = 'at least', is elliptical, some verb (e.g. *je m'y attends*) being understood.

l. 12. *personne*, Lat. *persona*, is naturally fem.; with the idea of *man* it has become masc. in such locutions as *personne n'est venu* (i.e. in the sense of *nemo* in Lat.), the idea of *man* causing its proper gender to be forgotten; so the new idea of *man, individual*, caused the change of gender in the word *gens*.

l. 13. *céans*, 'here'; Old Fr. *çaiens*, originally *çaens*, compd. of adv. *çà* (Lat. *ecce-hac*) and *ens* (Lat. *intus*).

l. 15. *au reste* = 'but', 'besides', lit. 'as for the rest', 'however'.

l. 18. *chez soi*, 'at home'. In Mod. Fr. *soi* is only used in connexion with the indefinite pronouns.

l. 24. *un dessus*, 'a treble'; *haute-contre*, 'counter-tenor'; *basses continues*, 'sustained bass parts'.

l. 28. *trompette marine*, a viol with a single string the sound of which resembled that of a trumpet; it is much as if one were to propose a banjo at a classical concert.

PAGE 12.

l. 6. *de certains menuets*. This is dependent on *content*.

l. 8. *me les voyiez danser* for *me voyiez les danser*. Here *les* refers to *menuets*.

l. 17. *estropiés* '(hanging down as if they were) maimed', *estropier*, 'to cripple', from Ital. *stroppiare*.

l. 22. *à propos* = 'by the by'; lit. 'to the point'; Lat. *ad propositum*.

comme il faut faire une révérence, 'how one must make a bow'. *Comme* for *comment*.

l. 23. *marquise*, 'marchioness'. *Marquis*, originally a governor set over the *marches* (frontiers) of the empire of Charlemagne; hence *marchensis* contracted into *marchis* = *marquis*

l. 30. *vous n'avez qu'à faire*, 'you have but to show me the way'.

l. 36. *faites un peu* = 'just show me'.

PAGE 13.

l. 6. *dis-lui qu'il entre*, 'tell him to come in'. *Dis* implying a command, the verb *entrer* is in the subjunctive.

l. 14. *en avoir présenté un*. For this *en*, supplementing the numeral *un*, see p. 5, l. 29.

l. 15. *la révérence*, 'the (sword) salute'.

l. 16. *point tant écartées*, 'not so far apart'. Obs. when there is no verb the *ne* of the negation is omitted.

l. 20. *à la hauteur de* = 'level with'.

l. 21. *plus quartée*, 'more squared'; *le regard assuré*, 'eyes fixed'.

l. 22. *de quarte* 'in quarte', a term in fencing. The whole sentence should be rendered: 'engage my sword in quarte and lunge from that position'.

l. 23. *achevez de même*='lunge without disengaging'.

une, deux. The fem. is used, the word *fois* being understood.

remettez-vous='as you were'.

l. 25. *porter la botte*='to make a thrust'; *botter*, 'thrust, lunge' (in fencing) is from Ital. *botta* and is distinct from *botte*, 'a truss' or 'bundle (of hay)', O. H. G. *bôzo*, 'a fagot'; and also distinct from *botte*, 'a butt, leather bottle' (and finally *boot*), Germ. *Bütte*.

l. 32. *en garde*='parry', lit. 'on your guard'.

PAGE 14.

l. 2. *ne point recevoir.* Obs. that both parts of the negation precede the verb in the infinitive.

l. 9. *du cœur*, 'any courage'.

sûr, 'sure', Lat. *securus*, with a circumflex; while *sur*, 'on, upon', Lat. *super*, has none.

tuer, 'to kill', from Mediæval Lat. *tutare*, 'to extinguish'.

l. 14. *l'on voit.* Obs. *l'on* is generally used for *on* after *si*, *et*, *où*, and also after *que*, *quoi;* this use of the article with *on* is quite natural, since *on*=*homme*, but derived from *homo*, whereas *homme* is from *hominem*.

l. 15. *nous autres*, 'we fencing masters'; the indef. *autre* is often used thus to emphasise the personal pronoun.

l. 16. *l'emporte hautement* ='carries the day with a high hand', lit. 'gains it' (i.e. *l'avantage*); cp. Lat. *reportare victoriam.*

l. 19. *tout beau!* 'gently!' *Tout doux*, 'softly!'

l. 23. *de plaisantes gens*, 'comical folk'. *Plaisant* is obsolete in the sense of *pleasant;* its modern sense is 'amusing, droll, waggish'. Obs. an adj. that precedes *gens* is fem., while one which follows it is masc. (*Tout* is a peculiar exception to this rule; it remains masc. whether it comes before or after the word *gens*, unless coupled with an adj. which has a distinct fem. termination, e.g. 'toutes ces *bonnes* gens'.)

l. 32. *monsieur le batteur de fer*='Master Swashbuckler'.

l. 35. *lui qui.* The second antecedent to *qui*, viz. the disjunctive pron. *lui*, is introduced because the original antecedent *le* (in *l'aller quereller*) does not immediately precede the relative.

l. 37. *je me moque de*, 'I care nothing for'.

PAGE 15.

l. 11. *je vous étrillerai d'un air*='I'll drub you in a pretty fashion'. *étriller* is derived from *étrille*, 'curry-comb', formerly *estrille* from Lat. *strigilis;* cp. 'I'll comb your hair for you'.

l. 12. *de grâce*='I beseech you'.

l. 13. *rosser*, 'to thrash'; Prov. *rossegar*, 'to beat a horse', der. from *rosse*, 'a sorry jade' (itself from Germ. *Ross*).

l. 29. *se dire des injures*, 'to insult each other'; *se* is here dat.

l. 30. *en vouloir venir aux mains* for *vouloir en venir aux mains*, 'to wish to come to blows about it'.

l. 32. *s'emporter*, 'fly into a passion'; hence *emportements*, 'fits of temper'.

PAGE 16.

l. 19. *de tirer des armes*, 'of fencing'.

l. 26. *baladin*, 'mountebank', 'dancer'; der. from *bal*, 'ball', verbal subst. of O. Fr. *baller*, 'to dance', Lat. *ballare*.

l. 27. *philosophe de chien*='dog of a philosopher'.

l. 28. *bélître de pédant*, 'rascal of a pedant'; for this genitive used adjectively cp. Lat. 'monstrum *mulieris*'.

l. 29. *cuistre fieffé*, 'arrant snob'; *cuistre* is der. by Littré, through *custre* (Germ. *Küster*), from Lat. *custodem;* it signified originally a 'college-servant', then a 'pedant'. *Fieffé*, 'one who possesses a *fief;* later was used adjectively to strengthen an insulting epithet.

l. 34. *coquins*, 'rascals'; der. from Lat. *coquus*, 'cook, scullion'.

l. 36. *la peste de l'animal*, 'plague take the animal'; lit. 'be (in possession of)'.

l. 40. *diantre soit de l'âne bâté*, 'the deuce take the saddled ass'. *Diantre* is a euphemistic form of *diable*.

PAGE 17.

l. 13. *battez-vous*, 'fight'.

l. 14. *je n'y saurais que faire*, 'I cannot help it'; lit. 'I should not know what to do about it'.

l. 20. *raccommodant son collet*, 're-adjusting his bands'.

l. 27. *laissons cela*='no more of that'.

l. 30. *j'enrage*='I am vexed'; lit. 'I become mad'.

PAGE 18.

l. 5. *veut dire*, 'means'.

l. 8. *avoir raison*='to be right'; similarly *avoir tort*='to be wrong', *avoir faim*='to be hungry', etc.

l. 19. *qui sont-elles?* for *quelles sont-elles?*

l. 23. *universaux*, 'universals', i.e. first principles; term used in Logic; so also *catégories* (='classification'), the name given by Aristotle to the first part of his *Organon*, wherein he divides into ten classes or 'categories' the ideas that can serve as either subject or attribute.

l. 27. *rébarbatifs*, 'crabbed'; from O. Fr. *rebarber*, compd. of *re* and *barbe*.

l. 28. *ne me revient point*, 'does not take my fancy'. Obs. *revenir* has the figurative meaning of 'to please'.

PAGE 19.

l. 1. *il n'y a morale qui tienne*='in spite of morality', 'morality or no'; lit. 'there is no morality which can hold or check'.

l. 2. *tout mon soûl*, 'all my fill'; *soûl*, 'satiated', O. Fr. *saoul*, from Lat. *satullus*, found in Varro.

l. 8. *la physique*, 'natural philosophy'.

l. 13. *feux volants* for *feux-follets*, 'will-o'-the-wisp' or 'ignis fatuus'.

l. 16. *tintamarre*, 'row'; *brouillamini*, 'confusion'.

l. 30. *voyelle*, 'vowel'; Lat. *vocalis*, so called because it makes a distinct *voice* or utterance and forms a syllable by itself, whereas the consonant (Lat. *consonare*, to sound along with) cannot make a distinct syllable without being sounded along with a vowel.

l. 35. *entendre*='to understand', as well as 'to hear'.

l. 39. *se forme*='is formed'. The passive voice is sparingly used in French; in its place the reflexive form of the verb is used or the active with the indefinite pronoun *on;* e.g. 'it is formed' = *elle se forme* or *on la forme.*

PAGE 20.

l. 11. *juste*, 'correct'.

l. 16. *la belle chose que de savoir quelque chose!* 'what a fine thing it is to know something!'

l. 23. *faire la moue*='to pout'; *moue*, 'a pouting face', is of Germ. origin, Neth. *mowe*. All this is a satire upon a work by Cordemoy, entitled 'Discours physique de la parole'.

l. 24. *vous ne sauriez lui dire que U*, 'U would be the only thing you could say'.

l. 26. *que n'ai-je étudié!* '(what a pity) that I have not studied'; *que ne* at the beginning of a sentence expresses regret.

l. 33. *en donnant du bout*, 'in striking with the tip'. *Donner* is here intrans. and consequently has a figurative meaning. Notice that *en* is the only preposition that requires the present participle; all the others are used with the infinitive, e.g. 'sans *parler* de *chanter*'.

l. 40. *que je vous veux de mal!* 'what a grudge I owe you!' *que de*=*combien de*. The dat. (here *vous*) of the person concerned is used after verbs of 'wishing', 'thinking' used transitively; e.g. *je lui crois des talents*='I think he has talents'.

PAGE 21.

l. 11. *au reste*='by the way', lit. 'as to the rest'.

l. 17. *galant*, 'genteel'. This adj. applied to men means (1) 'worthy, good, honest'; (2) 'polite, courteous (to ladies)'; applied to things it means 'elegant, stylish, in good taste, genteel'.

l. 18. *sont-ce des vers*. For the verb in the plur. after *ce*, see p. 3, l. 14.

l. 24. *il faut bien que ce soit*, 'it must indeed be'. *Bien*, adv., is often used in the sense of 'indeed', 'forsooth'; used with *vouloir* it diminishes its intensity; e.g. 'je veux bien'='I have no objection'.

l. 33. *qu'est-ce que c'est donc que cela?* Lit. 'what is it then that that is?'='what is that?'

l. 36. *apportez-moi et me donnez*. Obs. the pron. object before the second of two imperatives that are connected by *et;* cp. p. 2, l. 11.

PAGE 22.

l. 6. *gentiment* 'prettily'. The *l* in *gentil* not being sounded, the adv. derived from it is formed as if the adj. were written as it is pronounced, viz. *genti*.

l. 7. *mettre*='(you can) put'. See l. 3.

l. 34. *de bonne heure*, 'early'; *à la bonne heure*='all right'.

l. 35. *je n'y manquerai pas*, 'I shall not fail to do so'. *Manquer à* ='to neglect, to slight'; cp. p. 9, l. 28; *y*, Lat. *ibi*, is used, for things, instead of *à* followed by a personal pronoun.

PAGE 23.

l. 6. *me fait bien attendre pour un jour*, 'keeps me waiting a long while (and that too) on a day'; *pour* here = 'considering that it is', and *où* = 'on which'.

l. 7. *j'enrage* = 'how provoking'.

que la fièvre quartaine... 'may the quartan ague fasten on this torturing tailor!' *Bourreau*, 'executioner', here = 'scoundrel'.

l. 16. *je m'allais mettre* for *j'allais me mettre*.

l. 22. *deux mailles de rompues*. This *de* cannot be rendered in English; it is due to the partitive idea (= 'of them, of the number') implied, and is used after numerals and adv. or pron. of quantity, e.g. 'un jour *de* plus', 'beaucoup *de* tués', 'quelques-uns *de* blessés'. Obs. the difference between *deux mailles rompues*, 'two broken stitches', and *deux mailles de rompues*', 'two stitches that are broken'.

l. 28. *point du tout*, 'not at all'.

l. 36. *je le donne en six coups*..., = 'I'll give the cleverest tailors six trials over it'; lit. 'I give it in six attempts'.

PAGE 24.

l. 2. *en en-bas* = 'upside down'.

l. 17. *m'aille bien*, 'fits me well'. Obs. the subjunctive because the question (*croyez-vous*) implies doubt in the mind of the speaker.

l. 20. *pour monter une rhingrave*, 'to set up a pair of breeches'. *Rhingrave* is a term of man-millinery of Molière's time. Rheingraf Friedrich, governor of Maestricht, is said to have introduced the fashion of very large breeches which were called after his title of Rheingraf (Count of the Rhine).

l. 21. *pour assembler un pourpoint*, 'to put together a quilted doublet'.

l. 30. *en lever un habit*, 'cut out a coat of it'.

l. 35. *cela ne va pas comme cela* = 'things are not done in this manner'; *en cadence* = 'dancing', lit. 'in time'.

PAGE 25.

l. 3. *garçons tailleurs dansants* = 'dancing journeymen-tailors'. Obs. that *dansants* is here used as a verbal adj. and therefore agrees with the subst.

l. 10. *lui arrachent*, 'pull off from him'. Obs. dat. (*lui*) after verbs of *depriving* (and *asking*).

l. 18. *mon gentilhomme*, 'my noble Sir'.

l. 20. *se mettre en personne de qualité*, 'to dress as a nobleman'.

allez-vous-en demeurer habillé...'continue to dress as a citizen'.

l. 24. *Monseigneur* = 'My Lord'; *Votre Grandeur* = 'your Excellence'.

l. 34. *s'il va jusqu'à l'Altesse*, 'if he reaches the title of Highness'.

l. 36. *nous la remercions de;* lit. 'we thank it (*Votre Grandeur*) for'. Obs. that *remercier* ('to thank') and also *merci* ('thanks') require the genitive of the thing thanked for.

l. 38. *je lui allais tout donner* for *j'allais lui donner tout*. The words *tout*, *bien*, *mal*, and the adv. of quantity *beaucoup*, *plus*, *moins*, etc. often precede the verb when in the infinitive; cp. p. 4, l. 22.

ACT III.

PAGE 26.

l. 4. *que j'aille* for *afin que j'aille.*

l. 9. *appelez-moi*, not here 'call me', but 'call for me' i.e. 'send to me'.

l. 10. *ne bougez*='stay'. Obs. *pas* is often omitted after *bouger, cesser, oser, pouvoir, savoir.* Comp. p. 6, l. 8.

PAGE 27.

l. 4. *plaît-il?*='yes, Sir?' for *que vous plaît-il?*

l. 9. *que veut dire cette coquine-là?* = 'what does the hussy mean?'

l. 10. *bâti*='got up'.

l. 15. *nenni*='no indeed'; formerly *nennil,* from Lat. *non illud.*

l. 17. *bailler sur le nez* = 'to give (a slap) in the face'. *Bailler* is now used only as a law term; it is derived from Lat. *bajulare* and must not be confounded with *bâiller*, 'to yawn', which is der. from Low Lat. *badaculare*, dim. of *badare.*

l. 23. *se tenir de*='to refrain from'.

l. 29. *tiens*='look you', 'now mind'. The imperative of *tenir,* like that of *aller* (*va, allons*), is often used as an interjection='now then!' 'well now!' 'come!'

l. 31. *qui se soit jamais donné.* Translate by the passive.

l. 32. *voilà qui est fait*= 'I have done'; elliptic for *voilà le rire qui est fait.*

l. 34. *prends-y bien garde*='mind you don't'; *prendre garde à*='to give heed to'.

PAGE 28.

l. 12. *Monsieur, eur, je crèverai, ai,* 'Sir, I shall die'. The repetition of the syllables *eur, ai,* represents the catch in the voice from the effort made to suppress laughter.

si je ne ris. Notice that *pas* is often omitted after the conj. *si.*

l. 14. *une pendarde*='a saucy wench', lit. 'a gallows bird'; *au nez*='to my face'.

l. 24. *ne dois-je point*... 'am I then for your sake to close my door against all comers?' or 'would you have me close, etc.?'

l. 30. *une nouvelle histoire*='a new piece of business'.

l. 32. *de vous être fait enharnacher* = 'to have got yourself accoutred'.

PAGE 29.

l. 8. *carême-prenant* = 'carnival-time', lit. 'lent-taking-on', i.e. the eve of Lent, the Shrove-Tuesday's masquerading.

l. 16. *sur les dents, à frotter* = 'worn out with scrubbing'.

l. 17. *biaux*, rustic for *beaux*; so *carriaux* for *carreaux*.

l. 19. *ouais!* = 'what!' 'indeed!' or 'hoitz toitz!'

l. 20. *le caquet bien affilé* = 'a very nimble tongue'; *caquet*, lit. 'cackle, chatter'.

l. 26. *déraciner tous les carriaux*, 'loosen all the tiles in the floor'.

l. 32. *prérogatives* = 'advantages'. M. Jourdain affects superior learning by using this word, instead of what he really means, viz. '*avantages*'.

l. 35. *pourvue*, 'settled', lit. 'provided (with a home)'.

l. 37. *un parti*, 'a (suitable) match'.

l. 39. *ouï dire*, 'heard tell'. Obs. *ouï*, past part. of old verb *ouïr* (Lat. *audire*), as distinguished from *oui*, 'yes'.

l. 40. *pour renfort de potage* = 'as if it was not enough'; lit. 'by way of strengthening the soup'.

PAGE 30.

l. 2. *les honnêtes gens* = 'gentle folk'; *honnête* before the subst. generally denotes 'probity', after the subst. it has the meaning of 'polite'; this distinction however was not always observed in Molière's time.

l. 4. *vous faire donner le fouet* = 'get yourself birched'; *vous* is dat.

l. 5. *plût à Dieu...* for *plût-il à Dieu...* 'Would to God that one could get birched this very minute'. This use of the subjunctive with an inversion of verb and subject in optative, concessive, and conditional clauses, is due to the influence of the German-speaking invaders on Old Fr. at the period of its formation; cp. Germ. *wäre ich* = 'were I'.

l. 14. *des bêtes* = 'fools'.

l. 23. *ne l'est guère*, 'is scarcely that'; *l'* (= *le*, 'it') refers to *sensées*.

PAGE 31.

l. 4. *dis un peu* = 'just say'.

l. 20. *galimatias*, 'nonsense'; supposed to owe its origin to the slip of the tongue of a barrister, who, in his pleading, kept repeating 'Galli Matthias' for 'Gallus Matthiæ'.

l. 25. *fariboles*, 'absurdities'; possibly derived from Lat. *fari bullas*, 'to speak empty words'.

l. 26. *escogriffe*, 'sharper', also 'lanky lout'; der. from *escroc*, 'swindler', and *griffe*, 'claw'.

l. 27. *poudre* for *poussière*.

l. 28. *vous tient fort au cœur* = 'sticks in your throat'. Obs. personal pron. with the definite article for the possessive adj.

l. 31. *tiens*='now then'; cp. p. 27, l. 29.

l. 35. *assuré de son fait*='sure of one's business'; lit. 'of one's deed'.

PAGE 32.

l. 2. *avant que de* and *avant de* with inf., *avant que* with subjunctive.

l. 11. *çamon vraiment*, 'yes, indeed!' *Çamon* is supposed to represent *ça est mon* (*opinion*).

l. 12. *bien opéré*='worked wonders'.

l. 13. *s'embéguiner*, 'to become infatuated'; der. from *Béguine*, the name of a Netherlandish religious order.

l. 16. *une personne*. Notice *personne* is generally fem.; cp. p. 11, l. 12.

l. 18. *tout comme*, 'just as'.

l. 27. *ne m'est-ce pas de l'honneur* for *n'est-ce pas de l'honneur pour moi;* i.e. the conj. pron. before the verb for the disj. pron. with a preposition after the verb.

l. 35. *baste*, 'enough'; Ital. *basta*, 'it suffices'.

l. 37. *avant qu'il soit peu*, 'before long'; lit. 'before it be little (time)'.

l. 38. *s'attendre à*, 'to trust to'.

l. 40. *il ne manquera pas d'y faillir*='yes, yes, he will not fail to be a defaulter'.

PAGE 33.

l. 6. *que non*, 'that he will not'.

l. 11. *vous faire quelque emprunt*. Notice that *vous* is here dat. with a verb of depriving; *faire un emprunt*='to borrow'.

il me semble que j'ai dîné='it takes away my appetite'.

l. 21. *que voilà*, 'whom I see'. In this construction *que* is the direct object of the verb *voir* contained in *voilà;* cp. p. 11, l. 5.

l. 25. *le plus propre du monde*='very smart'; *du monde* intensifies the superlative.

l. 29. *mieux faits*, 'better got up'.

l. 32. *il le gratte par où il se démange*='he is rubbing him the right way'; lit. 'he is scratching him where he itches'.

l. 34. *galant;* comp. p. 21, l. 17.

PAGE 34.

l. 10. *mettez*, 'put on (your hat)'.

l. 19. *se couvrir*, fig.='to put on one's hat'.

l. 28. *se moquer*, used absolutely='not to mean it'.

l. 29. *reconnaître*, 'to be grateful for', as well as 'to recognise'.

l. 30. *plaisirs*, 'favours'.

l. 32. *sortir d'affaire*='get out of debt'.

l. 36. *je suis homme qui aime* has the force of *j'aime*, hence the resumption of the first person after the third person (*qui aime*).

PAGE 35.

l. 5. *je crois que oui*, 'I think so'; cp. *je suis sûre que non*, p. 33, l. 6.

l. 6. *mémoire*, m. 'memorandum'; *mémoire*, f. 'memory'.

l. 7. *louis*, a gold coin worth 10 *livres* (francs); it was first called *louis* under Louis XIII., and was worth 11 livres in Molière's time; being then of the same value as the Spanish *pistole*, it was often called by this name.

l. 9. *six-vingts*=120; now obsolete; cp. *quatre-vingts*=80, and 'Les Quinze-vingts', a hospital for the blind, originally intended to hold 300 inmates.

l. 23. *septante*, Mod. Fr. *soixante-dix*.

l. 24. *sou*, orig. *sol*=half-penny, the 20th part of a *livre; denier*, the 12th part of a *sou*.

l. 35. *au premier jour*='at the earliest opportunity'.

PAGE 36.

l. 3. *vache à lait*, 'milch cow'.

l. 8. *que...ne*='until'.

l. 17. *il vous sucera*, 'he will drain (lit. suck) you'.

l. 21. *force*, 'many'. *Force*, used as an adv. of quantity for *beaucoup*, does not take *de* after it.

l. 22. *je vous ferais tort*, 'I should be wronging you'.

l. 25. *quérir*, 'to fetch'; now obsolete; only used in the inf. after *aller*, *venir*, *envoyer;* der. from Lat. *quærere;* it has survived in the compounds *acquérir*, *conquérir*, *requérir*.

l. 35. *toute mélancolique;* why *toute* and not *tout?* Cp. p. 3, l. 19.

l. 38. *et si*='and yet'. The phrase, 'My head is bigger than my fist and yet it is not swollen', is used in administering a snub.

PAGE 37.

l. 6. *elle se porte*, 'she is'; the equivocal use of *se porter* which is said of 'health' in the question, and of a 'burden' in the answer, can be imitated thus: 'How is she getting on?—On her two legs'.

l. 9. *nous avons fort envie de rire*, 'we are much in the humour to laugh'; *fort* is here adv. =*beaucoup*.

l. 14. *Tredame!*='By our Lady!'; a corruption of *Notre Dame*.

l. 19. *le plus souvent*='at the best of times' or 'more often than not'.

l. 32. *vous baise les mains*='humbly thanks you'; lit. 'kisses your hands'. Obs. '*to you the* hands' for '*your* hands'; i.e. the Fr. article with a dat. conjunctive pron. instead of the possessive adj. in the acc.

l. 36. *je l'ai fait consentir*, 'I have made her consent'. Notice *fait* not *faite*. The participle *fait* is always invariable when followed by an infinitive. The participles *dû*, *pu*, *voulu* are invariable when a verb can be supplied after them; e.g. 'je lui ai rendu tous les services que j'ai pu et que j'ai dû' (*lui rendre*, understood). All other participles, when followed by an infinitive, agree if they have for direct complement (acc.) the noun or pronoun which precedes, but remain invariable if they have the infinitive for the direct complement.

cadeau, 'entertainment'; obsolete in this sense; now 'a gift' or 'present'.

PAGE 38.

l. 1. *tirons-nous* for *retirons-nous*, 'let us withdraw'.

l. 3. *que je ne vous ai vu.* The second part of the negation (*pas*) is omitted after *il y a* followed by a word expressing duration of time (also after *depuis que*) when the verb is in the Past Indefinite. Without *ne* the sense is different, e.g. 'il y a longtemps que je l'ai vu' = 'je l'ai vu, et il y a longtemps'.

l. 5. *de votre part*, 'from you'.

l. 7. *ce n'est que d'aujourd'hui*, 'it is only (of) to day'.

l. 13. *plût au ciel* = 'heaven grant it!' The pron. subject *il* is omitted in many impersonal expressions interrogative or optative, e.g. *qu'importe? d'où vient? que vous semble?*

l. 16. *je lui ai fait valoir comme il faut*, 'I have properly impressed upon her'; *faire valoir* = 'to make the most of'.

l. 28. *je ne regarde rien*, 'I hesitate at nothing'.

l. 30. *chez qui j'avais commerce*, 'with whom I happened to be acquainted'.

l. 38. *le bon biais*, 'the right expedient'.

PAGE 39.

l. 6. *que je ne fisse.* Notice that *pas* is omitted in a dependent clause which is introduced by *que* or the relatives *qui, dont*, if the first clause is negative; e.g. 'il ne voit personne qui ne le loue'.

l. 9. *au prix de toutes choses* = 'at any price'.

l. 18. *toute l'après-dînée.* The modern spelling (*après-dîner*) does not account so well as the old *après-dînée*, for the fem. gender of this subst.; cp. *journée, année, matinée*, etc.

l. 21. *et à toutes les choses.* This construction is awkward; both datives depend on *il faut*, though they are very distinct; it would have been better to make *à toutes les choses* depend upon a fresh verb, e.g. *et j'ai pourvu* = 'I have seen to all things'.

l. 31. *quelque anguille sous roche*, 'some mystery', lit. 'some eel under the stone'.

l. 32. *où* for *dans laquelle.* Molière uses *où*, to a wider extent than it is used now, as a relative pronoun, with reference to any kind of antecedent and in any dative or abl. relation, i.e. instead of *auquel, dans lequel, pour lequel*, etc.

PAGE 40.

l. 2. *ou il y a* = 'if there is not'; lit. 'or there is'; *en campagne*, 'on foot'.

l. 5. *qui me revient* = 'whom I fancy'; cp. p. 18, l. 28.

sa recherche, 'his suit'.

l. 24. *de ce pas*, 'at once', lit. 'with this step'.

l. 25. *qu'elle n'abusera de sa vie*, 'that she will never deceive' *de sa vie* being equivalent to *jamais*, the negation is sufficiently defined thereby and consequently *pas* is omitted; cp. p. 6, l. 8.

l. **27.** *vertigo*, 'fit of madness'.

l. **34.** *quelle mouche les a piqués tous deux?* 'what fly has stung them both?' i.e. 'what whim has seized them?'

Page 41.

l. **5.** *ce qu'on nous fait.* This subject is emphasised by *que* because it follows the predicate; cp. p. 2, l. 28.

Page 42.

l. **1.** *à mériter mille soufflets*='which deserve a thousand slaps in the face'; lit. '(fit) to deserve...' Obs. *à* with inf. to express 'fitness', 'aptness'

l. **4.** *Dieu m'en garde!*='Heaven forbid!' The pron. *en* is not redundant; here it signifies 'from it', 'from such a thing'.

l. **5.** *m'excuser*, 'to palliate in my eyes'; *me* is here an ethic dative.

l. **11.** *rompre ensemble tout commerce*, 'break off all dealings with her'.

l. **13.** *lui donne dans la vue*='takes her fancy'; *donner dans l'œil* is more commonly used; cp. the Germ. 'in die Augen stechen'.

l. **14.** *se laisse éblouir à la qualité*, 'allows rank to dazzle her'. Obs. inf. act. with *laisser* and the direct object of *laisse* changed into a dat. because *éblouir* has a direct object (acc.) *se;* cp. p. 2, l. 19.

l. **16.** *prévenir*='to forestall', i.e. 'be beforehand with the scandal of'.

l. **17.** *où*, 'towards which'.

l. **21.** *donne la main à mon dépit*, 'give a helping hand to my resentment'.

l. **25.** *pour m'en dégoûter* for *pour me dégoûter d'elle*='to make me dislike her'; *en* is more generally used of *things* than of *persons; dégoûter*='to inspire with a distaste'.

l. **27.** *mijaurée*, 'affected creature'.

pimpesouée, 'showily-dressed'; perhaps der. from *pimpant*, 'smart, sparkling', and *soué*=*souef*, Lat. *suavis*, 'sweet'.

Page 43.

l. **1.** *aisée, bien prise*, 'flexible', 'well shaped'. In this description Molière gives a portrait of his wife who played the part of Lucile.

l. **2.** *parler*, 'talk'. Infinitives used as subst. are masc.

l. **4.** *elle a grâce à*, 'she is graceful in'.

l. **7.** *pour de l'esprit*, 'as for wit'.

l. **13.** *enjouements épanouis*, 'gushing playfulness'.

l. **15.** *à tout propos*='at everything that is said'.

l. **19.** *sied bien aux belles*, 'sits well on the fair'. *Seoir*, in O. Fr. *sedeir*, from Lat. *sedere*, survives mainly in its participles *séant, sis;* when meaning 'to be becoming' it is still used in certain tenses, and always in the 3rd pers. sing. or plur.: il *sied*, ils *siéent*, il *seyait*, il *siéra*.

l. **24** *le moyen?*='how can one?' lit. 'the means (to)?'

l. **27.** *toute belle...que*, 'all lovely as I find her'. *Tout...que*=*quelque ...que*. Why *toute* and not *tout?* cp. p. 3, l. 19.

PAGE 44.

l. 8. *que voilà qui est;* cp. p. 11, l. 5.

l. 9. *que cela est Judas!* 'how like Judas!'

l. 12. *on voit ce qu'on a fait* for *elle voit ce qu'elle a fait*, 'she is conscious of what she has done'.

l. 13. *t'a fait prendre la chèvre*, 'has put you out of temper,' 'has made you *capricious*'; *prendre la chèvre* (capra)='to *caper*' (morally), 'to be whimsical'.

l. 14. *on a deviné l'enclouure*='one has found out where the shoe pinches'; *enclouer*, 'to prick (a horse's foot)'.

l. 23. *un temps* for *quelque temps*.

l. 25. *queussi, queumi*='and so will I . These words are supposed to be a burlesque imitation of the Ital. *così*, *come*, likewise, also.

PAGE 45.

l. 2. *point d'affaire*='no use'; lit. 'no dealings'.

l. 16. *tarare*, 'pshaw'.

l. 18. *c'en est fait*='it is all up' or 'there's an end of it'; cp. Lat. '*actum est de me*'.

PAGE 46.

l. 4. *je vous en prie.* The pron. *en* here (and in line 6) is not really redundant; it has the meaning of 'to do what I ask', and gives definiteness to the entreaty.

PAGE 47.

l. 3. *qui veut à toute force*=' who maintains absolutely'.

l. 9. *en donner à garder*='to hoax', lit. 'to give some (imaginary treasure) to keep'.

l. 10. *il n'est* for *il n'y a*.

l. 13. *qu'avec un mot*...for *que de choses vous savez apaiser dans mon cœur avec un mot.*

l. 15. *on se laisse persuader aux personnes.* For this dat. of the direct object of *laisser*, see p. 42, l. 14.

l. 16. *amadoué*, 'coaxed'; *amadouer* is a compd. of *madouer*, a word of Germ. origin, from the Old Scand. *mata*, 'bait'.

l. 32. *que je médite il y a longtemps*, 'which I have been meditating for a long time'. Obs. the present tense with *il y a* and *depuis*, whilst in English a compound past tense is used. The English language stands alone in this respect, e.g. 'I have been there long'=Lat. 'jamdudum ibi *sum*'; Germ. 'schon lange *bin* ich da'; French 'j'y *suis* depuis longtemps'

PAGE 48.

l. 3. *avant que de* and *avant de* with inf., *avant que* with subjunctive; cp. p. 32, l. 2.

l. 7. *on tranche le mot*='they settle it', lit. 'cut short the discussion'.

l. 13. *se parer*, to deck one's self; *parer*, Lat. *parare*, is both 'to adorn' and 'to parry', i.e. to prepare for a *show* or for a *blow*.

l. 17. *je me trouve*...for *je trouve que j'ai*... 'I find myself in possession of sufficient means'. This is a very common use of the dative of the person concerned after the verbs *trouver*, *croire*, *voir*, *vouloir*; cp. p. 20, l. 40.

l. 19. *où* for *auquel*; cp. p. 39, l. 32.

l. 22. *touchez-là*='that's settled'; lit. 'touch there (my hand)'; words used in concluding a bargain; it naturally implies consent and here becomes comical by being followed by a refusal.

l. 29. *de la côte de Saint Louis*='descended from S. Louis'; lit. 'from the rib of'; a common phrase applied to those who boast of their aristocratic birth.

l. 30. *je vous vois venir*='I see what you are driving at'.

l. 31. *que de* for *d'autre chose que de*.

l. 33. *voilà pas le coup de langue?* 'Don't I see the slander (coming)?' *voilà pas*=*ne vois-tu pas là*, 'see you not there'; cp. p. 11, l. 5.

l. 36. *elle n'y a jamais manqué*='just as I expected'; lit. 'she has never failed at this (work)'.

l. 38. *malavisés*, 'ill-informed'.

PAGE 49.

l. 5. *malitorne*, 'ungainly creature'; Lat. *malè-tornatus*.

l. 6. *dadais*, 'booby'.

l. 15. *où* for *à laquelle*, cp. p. 39, l. 32.

l. 20. *grand'maman*. Littré maintains that there should be no apostrophe in this word since there is no elision of *e* mute. The Latin *grandis* having but one form for masc. and fem. *grand* had but one also in Old Fr. It was only in the 14th century that *grand* and similar adj. had an *e* mute added to them; the older form however survived in such common expressions as *grand-mère*, *grand-chose*, &c., and the grammarians of the 17th century, believing erroneously that *grand* in these words was an abbreviation of *grande*, placed an apostrophe after it.

s'il fallait qu'elle me vînt visiter, 'if she had to come and see me'.

l. 21. *qu'elle manquât*. Notice that *que*, used to avoid the repetition of *si*, requires the subjunctive.

l. 23. *cette madame*. The *ma* has here lost the idea of 'my', and the plural would be *ces madames*.

l. 24. *fait la glorieuse*='is so grand'; *faire le*=pretends to be; cp. *faire le mort*.

l. 25. *jouer à la madame*='play at being ladies'.

l. 29. *qu'ils payent*, 'which they are paying for'.

l. 30. *à être honnêtes gens*='by honest means'; lit. 'through being honest folk'.

PAGE 50.

l. 14. *vous moquez-vous*='do you mean it?' lit. 'are you jesting?'

l. 23. *jouer*, here 'to play a trick upon'.

l. 28. *il s'est fait depuis peu*, 'there has been performed lately'.

l. 30. *une bourle*, 'a piece of roguery'. Ital. *burla*, jest; hence *burlesque*.

l. 32. *chercher tant de façons*='make such a fuss'.

l. 33. *donner dans*='to fall into', 'believe'; *donner* is here intransitive.

PAGE 51.

l. 4. *à me reprocher*, 'to taunt me with'.

l. 16. *dit comme cela*, 'says like this', vulg. for *dit*.

l. 25. *régaler*, 'to entertain'.

l. 29. *j'ai beau*...'in vain I resist the course of things'.

PAGE 52.

l. 6. *vous gagnez*, 'you overcome'.

l. 8. *dont je me suis tant éloignée*, 'from which I have kept aloof so long'.

l. 9. *vous y devriez déjà être*='you ought to have reached that stage already'; *y* here represents *au mariage*.

l. 11. *à quoi tient-il*='what hinders?' Obs. after verbs of hindering *que...ne*=Lat. *quin* or *quominus*.

l. 18. *expérience*, 'experiment'.

l. 19. *conclut*, 'proves'.

l. 20. *j'en reviens toujours là*, 'I always come back to this'; *en*='from these reflections'.

l. 22. *plus que je ne voudrais*. Notice *ne* after the compar. *plus*. Cp. p. 2, l. 33.

l. 23. *sans vous déplaire*='let it not displease you'.

l. 24. *que vous ne vous incommodiez*=*sans vous incommoder*.

l. 30. *faire valoir*, 'make of importance'.

PAGE 53.

l. 3. *sait son monde* for *connaît son monde*. Obs. *savoir* is generally used of things, *connaître* of persons.

l. 9. *que le ciel*. Notice *que* for *si* and consequently subj. *eût*. *envieux de mon bien*, 'jealous of my good fortune'.

l. 16. *malaisé*=*difficile*.

l. 24. *prendre garde à ne point*=*se garder de*, to take care not to.

l. 30. *vilain à vous*, 'mean on your part'.

PAGE 54.

l. 3. *c'est bien de la grâce qu'il me fait*, 'it is very polite of him'. The play upon the word *grâce* cannot be rendered in Eng.; in the first instance it is used in the sense of *thanks*, here as *politeness*, and further on as *favours*.

l. 16. *mets*, s. m. viand, dish of food; formerly *mes*, Ital. *messo*, from Lat. *missum*, lit. what is sent in to table. The *t* is an orthographic error of the 15th century to connect the word with *mettre*.

ACT IV.

Page 55.

l. 12. *il m'oblige, de faire*, 'he confers an obligation upon me by doing', i.e. it is very kind of him to.

l. 13. *de chez lui*, 'of his home'.

l. 18. *si Damis s'en était mêlé*, 'if Damis had had a hand in it'. *Damis* is a fictitious character, the type of an 'exquisite'.

l. 21. *tomber d'accord de*=to acknowledge.

l. 23. *pain de rive*, 'loaf baked on the oven-edge' (*rive*).

l. 25. *armé d'un vert*, 'relieved by a tartness not too great'.

l. 27. *veau de rivière*='veal from Normandy'; where calves are fatted in river-irrigated meadows.

l. 29. *relevées d'un fumet surprenant*, 'rendered appetising by a wonderful aroma'.

l. 30. *opéra*, a difficult thing, a master piece.

l. 31. *cantonné de*, 'flanked by'. From *canton*, a corner; *cantonné*, in heraldry, signifies 'having at the corners'.

Page 56.

l. 11. *dégoûté*, 'fastidious'.

l. 15. *air à boire*, 'drinking song'.

l. 25. *un petit doigt*=a thimbleful. Phyllis, a poetical personage of the shepherd type.

l. 26. *qu'un verre* for *combien un verre;* take *que* and *de* together, both here and also five lines lower down.

l. 34. *à longs traits*, 'with long draughts'.

Page 57.

l. 1. *l'onde noire*='the river Styx'.

l. 11. *ce n'est qu'à bien boire*, 'it is only by drinking deep'; *à boire*=*en buvant*.

l. 14. *Sus, sus*=up! up! Lat. *susum*, a form of *sursum*.

l. 15. *tant qu'on vous dise*='till you are told'; *tant que* for *jusqu'à ce que*.

l. 24. *pour ce que je dirais*, 'for what I might say'.

l. 29. *je le quitte*, 'I leave him alone', i.e. I am no match for his witty sallies.

l. 33. *qui me ravit*, 'who charms me'; this is said ironically. The verb *ravir*, here 'to fill with rapture', is used in its other sense 'to steal' in the next line, and may be translated 'to charm away', so as to retain the play upon the word.

PAGE 58.

l. 8. *là-bas* for *en bas*, 'below', 'down-stairs'.

l. 9. *à faire noces*='fit for a wedding'; *comme* for *comment.*

l. 12. *vous m'envoyez promener*=you send me about my business.

l. 28. *n'avoir que faire de*=to have no need of; *que* is here pron.

l. 29. *que je sens les choses*=that I have been conscious of what is going on. For this use of the pres. tense after *il y a longtemps*, cp. p. 47, l. 32.

l. 37. *vous vous moquez de m'exposer*='you cannot be serious in exposing me'.

sottes visions de cette extravagante, 'to the foolish hallucinations of this lunatic'.

PAGE 59.

l. 11. *je me moque de*='I care nothing for'. Notice the different meanings of *se moquer*, viz. to trifle, jest, mock (at), make no account (of).

l. 12. *que je ne vous fende la tête*='from splitting your head open'. *que...ne*=Lat. *quin* or *quominus* after verbs of hindering.

PAGE 60.

l. 5. *feu monsieur votre père*, 'your late father'. *Feu* agrees with the subst. only when immediately before it; e.g. 'la *feue* reine'—'les *feus* rois'; when separated from the subst. by an art. or poss. adj. it remains invariable, e.g. '*feu* la reine'—'*feu* votre mère'. *Feu* is derived from the Lat. *fuit* through the Ital. *fu;* some however derive it from the Lat. *functus* which has given *défunt.*

l. 35. *depuis avoir connu*, for *depuis que j'ai connu*, 'since I made the acquaintance of'.

PAGE 61.

l. 17. *je le fus voir* for *j'allai le voir.* The verb *être* is used (colloq.) for *aller*, but only in the perfect and past indefinite, i.e. *je fus*, *j'ai été*, for *j'allai*, *je suis allé.*

l. 18. *et que j'entends*, 'and as I understand'; *que*=*comme.*

l. 20. *Acciam croc*... These words are meaningless sounds.

Molière was induced by Colbert, minister under Louis XIV., to introduce the 'Grand-Turc' in this comedy, to spite a Turkish ambassador, then in Paris, who had spoken disparagingly of the king's jewels.

l. 25. *comme* for *quand.*

PAGE 62.

l. 7. ***mamamouchi;*** this may be a corruption of the Arab word *ma-memou-schi*, 'not good thing', i. e. good for nothing.

l. 11. *paladin.* This name was given to the knights who followed Charlemagne to war; it is derived from Lat. *palatinus*, belonging to the palace (*palatium*).

l. 13. *aller de pair avec*, 'to be on equal terms with'.

l. 30. *à peu de chose près* = 'very nearly' (resembles him).

PAGE 63.

l. 14. *il dit que vous alliez*, 'he bids you go'. Why subjunctive? Cp. p. 13, l. 6.

l. 23. *quand il aurait* for *s'il avait.*

l. 28. *se passer*, 'to take place'; *se passer de* = to do without.

l. 35. *je vous le donnerais en bien des fois*, 'I would give you (it in) ever so many guesses to find out'. Cp. p. 23, l. 36.

PAGE 64.

l. 1. *porter son esprit* = 'to induce him'.

l. 6. *la bête vous est connue* = 'you know what a fool he is'.

The mock ceremony of the installation which closes this Act is a mere farce taken up with dancing and Italian singing, in which the Turks are turned into ridicule. These Scenes will be found in the Appendix (A) with a translation of the Italian words.

ACT V.

PAGE 65.

l. 5. *momon*, 'mummer's costumes'; der. from Germ. *mummen*, to muffle.

l. 7. *fagoté*, 'made such a guy of you'.

l. 20. *paladin*, a knight, is confounded by Mme Jourdain with *baladin*, a ballet dancer.

l. 26. *Mahameta*, etc. See the ballet, p. 74.

PAGE 66.

l. 15. *le reste de notre écu* = 'what was wanted to fill up the measure', lit. 'the remainder of (the change for) our half-crown'.

l. 23. *appuyer*, 'to back up'.

l. 26. *j'en fais beaucoup de cas* = I esteem him much. *Faire cas de* = to set value on.

l. 28. *qui nous revient*, 'which is due to us'. Notice the different meanings of *revenir*, viz. to return, to please, to be due.

l. 33. *vous empêcher vos profusions*, 'keep you from your profuse expenditure'. *Vous* is dat. with the verb of depriving (*empêcher*).

PAGE 67.

l. 4. *qu'avant qu'il fût peu*, 'that within a short time'.

l. 8. *vous en userez*, 'you shall deal with it'. *User*=to wear out, use up; *user de*=to deal with, make use of.

l. 11. *la figure en est=sa figure est.* In general *en* with the art. *le, la, les*, is used only when speaking of things. Even then the poss. adj. must be employed for *its, their* if the inanimate object to which these words refer is the subject of the sentence or if a prep. precedes them; e. g. 'La campagne a *ses* charmes; j'admire la beauté de *ses* paysages'.

l. 21. *des premières*, 'among the first'.

l. 22. *où* for *auquel*. Cp. p. 39, l. 32.

l. 25. *de prendre part*='for taking an interest'.

l. 28. *extravagance*, 'extravagant conduct'.

l. 34. *vous est tout acquise*, 'is completely won for you'.

PAGE 68.

l. 3. *lui rendre nos devoirs*, 'pay him our respects'.

l. 5. *la main*='her hand'. Notice that the def. art. is used for the poss. adj. whenever it can be done without ambiguity.

l. 9. *faire la révérence à*='to salute', 'to do obeisance to'.

l. 11. *l'assurer.* Here *l'*=*votre altesse.*

l. 13. *truchement*, 'interpreter'; Span. (from the Arabic) *trujaman*, the same word as dragoman.

l. 17. *strouf*, etc., unmeaning words.

PAGE 69.

l. 16. *qui se peut* for *qui se puisse.* After a superlative the verb which follows the relative pronoun is generally in the subjunctive; *se souhaiter* should be translated by the passive.

l. 19. *toucher dans la main à quelqu'un*=to ratify an agreement by shaking hands; here *touchez-lui dans la main*='give him your hand'. Cp. p. 48, l. 22.

PAGE 70.

l. 6. *à un carême-prenant*, 'to a mummer'. Cp. p. 29, l. 8.

l. 17. *faites-lui faire vos compliments*='pay him your respects'; not however *directly* but *vicariously*.

l. 19. *je n'ai que faire...* *que* is a pron.; it is not *ne...que*=only, cp. p. 58, l. 28.

l. 20. *à son nez*='to his face'.

l. 28. *à rejeter*, 'to be rejected'. Inf. act. with *à* to express fitness. Cp. p. 42, l. 1.

l. 32. *qui nous fait intéresser dans* for *qui nous fait nous intéresser à*.

PAGE 71.

l. 10. ***vous la querellez de ce que***, 'you scold her because'.

l. 17. See p. 70, l. 19.

l. 36. ***abuser***, 'to deceive', 'impose upon'; also 'to abuse' but not in the sense of *insulting*, *calling names*.

PAGE 72.

l. 1. ***comme cela = si c'est comme cela.***

l. 3. ***ne faites pas semblant de rien***, 'do not seem to know anything'; *pas* is here redundant since *rien* which follows defines the negation.

l. 20. ***c'est pour lui faire accroire***, 'it is to deceive her'; *en faire accroire* with dat. of person is the more common expression.

l. 29. ***c'est fort bien avisé***, 'that's well thought of'.

l. 35. ***je l'irai dire à Rome.*** This has become a proverbial expression = 'I'll eat my hat'.

The Act ends with a Ballet; the words of which are partly French and partly Spanish; these will be found in the Appendix (B).

GRAMMATICAL INDEX.